TULLA HAGSTRÖM

Petra

und der Fohlenfrühling

Aus dem Schwedischen
von Ursula Dotzler

Schneider-
Buch

Inhalt

Sturmvogel, das Fohlen

Es war ein trüber Sonntagmorgen Ende März. Die Schneeberge lagen noch immer an den Straßenrändern, doch die Straße selbst war frei bis auf ein paar kleine, tückische Eisflecken. Ein Mädchen auf einem roten, klapprigen Fahrrad radelte verbissen gegen den kalten, stechenden Wind. Sie hatte die gestrickte, blau-weiße Wollmütze über die Ohren gezogen, und das mausfarbene Haar flatterte ihr über die Schultern. Noch hatte sie ein langes Stück zum Stall zurückzulegen.

Daß sie, Hilkka Hynninen, ein Pferd versorgen durfte, war so unglaublich, daß Hilkka Angst hatte, die Pferdebesitzerin könnte es sich plötzlich wieder anders überlegen und jemand anderem die Arbeit übertragen. Ihre ältere Schwester Sirkka, zum Beispiel, ritt nun fast ein Jahr lang. Hilkka selbst war es bis jetzt noch nicht einmal gelungen, Platz in einer Anfängergruppe zu bekommen. Sie hatte sich auch nie in irgendeiner Weise hervorgetan. Daß sie jetzt die Pflege des Ponys Svala übernehmen durfte, war wie ein Wunder. Sie war nicht überrascht, daß Sirkka sich geärgert hatte und sich übergangen fühlte, denn Astrids Wahl war wirklich überraschend gewesen.

Nun mußte sie ihr Bestes tun, um Svalas Pflegerin zu bleiben. Astrid hatte sogar gesagt, Hilkka dürfte im Frühjahr gelegentlich reiten, nachdem das Fohlen zur Welt gekommen war.

Svalas Fohlen! Es hätte eigentlich schon vor zwei Wochen geboren werden sollen, und Hilkka spürte, daß Astrid große Angst hatte, etwas könnte schiefgehen. Hilkka selbst wußte gar nichts über eine Fohlengeburt. Wenn es nun heute passierte? Sie stellte sich vor, wie sie zu Svalas Box ging und sah, daß es soweit war. Sie malte sich aus, daß kein anderer es gemerkt hatte und daß sie losrannte und den Tierarzt anrief, der sofort kommen würde. Dann würde Astrid froh und dankbar sein, weil sie Svala und das Fohlen gerettet hatte.

Hilkka war so in ihre Gedanken versunken, daß sie den blauen Volvo nicht bemerkte, der sie überholte. Doch als die Fahrerin an den Straßenrand fuhr und vor ihr bremste, sah sie, daß es das Auto der Familie Olsson-Johanson war. Astrids Mutter kurbelte die Scheibe herunter und rief: „Willst du mitfahren? Wir könnten dein Fahrrad im Kofferraum verstauen!“

Mitfahren wollte Hilkka natürlich gern. Frau Olsson half ihr mit dem Fahrrad, und dann zwängte sich Hilkka auf den Rücksitz neben die Schwestern Astrid und Lena, obwohl der Platz neben dem Fahrersitz noch frei war.

„Das Fohlen ist heute nacht geboren worden!“ erzählte Lena eifrig.

Sie hatte lange, blonde Haare und Stirnfransen. Astrid war dunkelhaarig; sonst ähnelten sich die beiden Schwestern sehr. Sie hatten auch die gleichen blauen Augen.

„Ist das wirklich wahr? Ist alles gutgegangen?“

Hilkka zog die schmutzigen Handschuhe aus und hauchte ihre steifgefrorenen Finger an.

„Ja, alles ist gut verlaufen“, erwiderte Astrid glücklich.

„Es ist ein Hengstfohlen, und wir wollen es Sturmvogel nennen."

Im Nu waren sie bei der Reitschule, und Hilkka dachte, wie schön es wäre, wenn sie immer mit dem Auto zum Stall fahren könnte wie Astrid und Lena. Doch Hilkkas Mutter besaß keinen Führerschein, und ihr Vater hatte noch im Bett gelegen und geschlafen, als sie von zu Hause weggegangen war. An den Wochentagen wollte er sich entspannen, wenn er nach Hause kam. Er las die Zeitung oder saß vor dem Fernseher – da hätte Hilkka es nicht gewagt, ihn zu bitten, das Auto aus der Garage zu holen und sie in den Stall zu fahren. Ihre und Sirkkas Pferdeleidenschaft hielt der Vater sowieso für Spinnerei.

Doch als Hilkka das Fohlen sah, vergaß sie all die beschwerlichen Radfahrten zum Stall. Nie im Leben hatte sie etwas Schöneres gesehen als das zierliche kleine Wesen, das da vor der Brust der schwarzen Stute stand.

„Oh, das ist ja ein Fuchs!" stieß Lena hervor. „Heute nacht, als Sturmvogel noch ganz naß war, dachte ich, er wäre braun. Er ist ja noch goldiger jetzt, da er trocken ist!"

Hilkka hatte nie zuvor ein neugeborenes Fohlen gesehen. Sie staunte, daß es so klein war, und war entzückt über das dünne, weiche, lockige Fohlenfell. Am liebsten hätte sie es umarmt und an sich gedrückt.

„Den kleinen Kerl werden bestimmt alle streicheln wollen", sagte eine Stimme hinter ihr, als hätte jemand ihre Gedanken gelesen.

Es war Mick, der Pferdepfleger des Reitclubs. Er war groß und schmal, mit dunklem Haar und braunen Augen.

„Aber weder Svala noch dem Fohlen tut es gut, wenn hier

zuviel Trubel ist", fuhr er fort. „Ihr solltet einen Zettel an die Boxtür hängen, daß nicht jeder hineingehen darf. Die Pferde müssen ihre Ruhe haben."

„Ja, das sollten wir tun", stimmte Frau Olsson zu.

Sie hatten alle vor der Boxtür gestanden. Jetzt schob Astrid die Tür ein Stück auf, um hineinzugehen. Das Fohlen vollführte ein paar ruckartige Sprünge, stieß gegen Svalas Hinterbein und purzelte in die Streu.

„Oh, jetzt ist es hingefallen!" rief Hilkka erschrocken.

„Ja, was würdest du denn machen, wenn du erst vergangene Nacht geboren worden wärst?" sagte Mick lachend. „Der lernt es bald, sicher auf seinen vier Hufen zu stehen!"

Das Fohlen war schon wieder auf den Beinen. Es ging um Svalas Hinterteil herum und begann auf der anderen Seite zu saugen, so daß man es von der Stallgasse aus kaum mehr sah.

„Ich hab' Papier und bunte Kreiden in meinem Zimmer, falls ihr gleich einen Anschlag an die Boxtür machen wollt", sagte Mick.

„Ja, danke", erwiderte Frau Olsson. „Lena und Hilkka, könntet ihr das übernehmen?"

Hilkka folgte Lena und Mick. Am liebsten wäre sie natürlich zu dem Fohlen hineingegangen, doch sie hatte Angst, aufdringlich zu sein, und Astrid wollte jetzt wohl selbst striegeln.

Mick wohnte in einem Zimmer über der Sattelkammer. Hilkka war noch nie dort oben gewesen. Sie sah sich neugierig um, während Mick Papier und Kreide hervorsuchte. Daß die Einrichtung einfach und sparsam war, merkte Hilkka kaum. Sie sah vor allem die schönen Bilder, die Mick von seiner eigenen Stute Saga gemalt hatte, und wünschte, sie selbst dürfte auch so nahe bei den Pferden wohnen.

Als der Anschlag fertig war, befestigte ihn Lena mit Reißnägeln an der Boxtür.

„Was steht drauf?“ fragte Astrid aus der Box.

„Zutritt verboten. Pääsy kielletty. Für alle...“, begann Lena.

„Was hast du gesagt?“

„Pääsy kielletty“, wiederholte Hilkka. „Das bedeutet *Zutritt verboten* auf finnisch.“

„...für alle“, fuhr Lena fort, „mit Ausnahme von Astrid und Lena Olsson, Hilkka Hynninen, Petra Granberg, Mick Eich und Karin Krantz.“

Hilkka war stolz, daß sie mit so vielen guten Reitern auf der Liste stand, sie, die noch nie auf einem Pferd gesessen hatte. Astrid und Lena ritten zwar erst seit knapp zwei Jahren, beteiligten sich aber schon an den leichteren Turnieren des Reitclubs. Das war in Hilkkas Augen eindrucksvoll genug. Sie war zehn Jahre alt, ein paar Monate jünger als Lena, und hoffte, daß sie beide Freundinnen werden würden. Astrid war auch sehr nett, aber sie war ja schon fünfzehn.

Daß Petra zu Svala und dem Fohlen in die Box durfte, war selbstverständlich. Sie war vor Astrid Svalas Besitzerin gewesen und hatte Astrid das Reiten beigebracht. Nun hatte sie ein großes, braunes Halbblutpferd und nahm schon an den schwierigeren Wettbewerben teil. Mick war, wie gesagt, der Pferdepfleger des Reitstalls und Karin die Reitlehrerin.

Hilkka glaubte nicht, daß sie je im Leben eine so gute

Reiterin werden würde wie Petra, Mick oder Karin es waren, aber es war schön, ihren Namen neben dem der anderen auf der Boxtür zu sehen.

Sie konnte den Blick nur schwer von Svala und ihrem Fohlen losreißen. Als Lena verschwand, um Jeppe, das Reitschulpony, zu striegeln, holte Hilkka die Schubkarre, eine Schaufel und eine Mistgabel. Astrid hatte Svala selbst gestriegelt und fuhr nun ganz sanft mit der Bürste über Sturmvogels Fell.

Frau Olsson öffnete die Boxtür ein Stück, so daß Hilkka die Schubkarre in die Öffnung stellen konnte. Sie ging hinein und begann auszumisten. Anfangs waren die niederträchtigen Pferdeäpfel immer weggerollt, wenn Hilkka versucht hatte, sie auf die Schaufel zu bekommen, doch mit der Zeit hatte sie gelernt, wie sie es machen mußte. Trotzdem ging es nicht besonders schnell, denn die Geräte waren groß und schwer.

„Wir könnten ein bißchen mit Saga trainieren, wenn du möchtest, Astrid!“ rief Mick von der Stallgasse her.

Da Svala trächtig gewesen war, hatte Astrid sie längere Zeit nicht reiten können. Daher hatte Mick ihr sein Pferd Saga für die leichteren Wettkämpfe des Reitclubs geliehen. Besonders gut hatte Astrid nicht abgeschnitten, aber es standen ja noch zwei weitere Turniere bevor. Die Ergebnisse von allen drei Wettkämpfen sollten dann zusammengezählt werden, so daß noch alles offen war.

„Danke“, sagte Astrid, „aber heute bin ich zu müde. Du weißt ja, wir sind wegen des Fohlens die halbe Nacht wach geblieben. Ich glaube, wir werden bald wieder nach Hause fahren.“

„Kommst du morgen?“ fragte Hilkka.

„Ja, sicher... nicht wahr, Mama?“ fragte Astrid.

„Tut mir leid“, erwiderte Mutter Olsson, „aber das geht nicht. Du hast in der letzten Zeit deine Schularbeiten sehr vernachlässigt. Ich hab’ nichts gesagt, weil ich wußte, welche Sorgen du dir um Svala gemacht hast. Aber jetzt ist das Fohlen da, und du mußt versuchen, das nachzuholen, was du versäumt hast.“

Ein Glück, daß meine Mutter nie fragt, ob ich Schularbeiten gemacht habe, ehe ich hierher fahre, dachte Hilkka. Plötzlich wurde ihr klar, daß Astrid völlig auf ihre Eltern angewiesen war, um zum Stall zu kommen. Daß sie schnell und bequem im warmen Auto hierher fahren konnte, war nur eine Seite der Sache. Die andere Seite war, daß sie nicht einfach ein Fahrrad nehmen und allein zum Stall radeln konnte, so gern sie das sicher getan hätte. Denn Astrid war blind. Trotzdem hatte sie mit Hilfe der Freunde reiten gelernt.

Hilkka zog mit der Schubkarre los, um sie auszuleeren. Für sie war die alte Schubkarre ein sichtbarer Beweis dafür, daß sie eine vom Reitervolk war. Sie hatte eine Aufgabe. Sie war nicht länger eine Außenseiterin; jetzt gehörte sie dazu!

Petra zügelte ihr Pferd einen Augenblick, ehe sie die Landstraße überquerte. Es war kein Auto in Sicht. Ein leichter Wadendruck, und Riegel ging im Schrittempo über die Straße. Drüben führte ein schmaler Feldweg an einem kleinen, roten Haus vorbei. Es war ein Sommerhaus, das Leuten aus der Stadt gehörte und um diese

Jahreszeit noch nicht bewohnt war. Durch die kahle Fliederhecke sah man den kleinen Garten, der an der Nordseite noch immer mit Schnee bedeckt war.

Hinter dem Sommerhaus war eine Villa, die während des Winters gebaut worden war. Um den Neubau herum türmten sich Sandhaufen, Bretterstücke, zerbrochene Dachziegel, übriggebliebenes Isoliermaterial und Abfall.

Vor der Treppe stand ein neuer, weißer Wagen, den Petra noch nie gesehen hatte. Sie fragte sich, ob das Haus innen schon fertig ausgebaut war. Vielleicht würden die neuen Nachbarn bald einziehen? Plötzlich blieb Riegel stehen und wich zurück.

„Dummkopf!" murmelte Petra. „Du hast doch sonst nicht mal Angst vor einem Traktor – wieso fürchtest du dich jetzt vor so einer Kiste?"

Es war eine große, hellbraune Kiste, die direkt an der Straße stand. Sicher enthielt sie etwas für das neue Haus, vielleicht einen Herd oder einen Kühlschrank.

„Das ist doch nicht gefährlich, Riegel!" sagte Petra und trieb Riegel durch Schenkeldruck an. Eigentlich verstand sie ihr Pferd. An Traktoren war Riegel gewöhnt, aber nicht an neue, fremde Kisten auf vertrauten Wegen.

Plötzlich erklang ein tiefes Knurren, und ein großer Schäferhund tauchte hinter dem Auto auf. Er rannte auf Riegel zu, der erschrocken hin und her tänzelte, und blieb in einem Abstand von etwa zehn Metern stehen.

„Geh nach Hause!" sagte Petra laut und sah dem Hund in die Augen.

Doch der Hund blieb stehen, den Kopf gesenkt, und knurrte drohend. Als wäre Riegel nicht schon aufgeregt genug gewesen! Sie hatte ihm Zeit lassen wollen, sich die Kiste anzusehen und zu begreifen, daß sie ungefährlich war. Aber mit einem knurrenden Schäferhund in der Nähe war das wohl kaum möglich.

Petra ließ Riegel einen Umweg zum gegenüberliegenden Straßenrand machen, ehe er sich an der Kiste vorbeiwagte. Ein Glück, daß er wenigstens an Hunde gewöhnt war! Der Schäferhund bellte wütend, als Pferd und Reiterin vorüberritten. Er bellte ihnen noch nach, bis die beiden um die Wegbiegung verschwunden waren, doch er folgte ihnen nicht. Wenn Leute im Haus waren, hielten sie es jedenfalls nicht für nötig, herauszukommen und nachzusehen, warum ihr Hund so bellte.

Bald war Petra im Wald und folgte einem Pfad, der einen Hügel hinunterführte. Dort lag noch immer Schnee, doch sie kannte dieses Gelände seit langem. Dies war nicht gerade der kürzeste Weg zur Reitschule, im Gegenteil, es war ein Umweg – aber Riegel brauchte Bewegung.

Etwas später erreichten sie im Schrittempo die Auffahrt zur Reitschule. Auf der Reitbahn fand die erste Unterrichtsstunde dieses Tages statt. Doch Petra stieg erst vor der Stalltür ab; sie führte Riegel hinein und brachte ihn in eine leere Box. Heute wollte sie vor allem nach dem Fohlen sehen.

Hilkka saß in Svalas Box, mit dem Rücken zur Tür, genau wie es Astrid immer tat.

„Hallo“, rief Petra. „Ein schönes Fohlen hat Svala gekriegt, nicht!“

„O ja!“ stimmte Hilkka begeistert zu. „Ich hab’ es ein bißchen gebürstet, doch es wollte die Füße nicht heben.“

Petra ging in die Box, und die Ponystute spitzte die Ohren. Es war, als wollte sie sagen: Du darfst dir mein Kind natürlich ansehen! Petra streichelte Sturmvogel, ließ die Hände an seinem Vorderbein entlanggleiten und hob es dann hoch, als wäre das die einfachste Sache der Welt. Das Fohlen zappelte mit dem Bein, doch Petra ging sanft mit der Bewegung mit. Nach einigen Sekunden entspannte sich Sturmvogel für einen Augenblick, und Petra nutzte die Gelegenheit, sein Bein wieder auf den Boden zu stellen.

„Braves Pferd!" lobte sie. „Weißt du, Hilkka, es ist unnatürlich für ein Pferd, zuzulassen, daß man sein Bein festhält. Also muß es das erst lernen, und dabei ist's wichtig, daß man es nicht erschreckt."

„Wie soll man das machen?"

„Man darf das Bein nicht so fest und so lange halten, daß das Fohlen Angst bekommt, aber man darf auch nicht zulassen, daß es sich losreißt, wenn es ihm paßt. Jetzt am Anfang ist das schwierig. Vielleicht ist es am besten, du kümmerst dich vorerst nicht um seine Hufe. Dann können wir anderen, die wir schon ein bißchen mehr an den Umgang mit Pferden gewöhnt sind, ihm beibringen, die Beine hochzuheben."

Hilkka nickte. Sie wußte gut, daß sie noch unerfahren war. Aber sie gab sich alle Mühe, so viel wie möglich zu lernen.

„Sirkka sagt, daß sie die Pflege von Agneta Verelius' Pferd übernehmen darf", erzählte sie. „Und Ann-Marie soll Charlottes Pferd versorgen."

„Tatsächlich?" sagte Petra. „Die Zwillinge wollen also in ihrem Stall Hilfe haben?"

„Aber Svala und Sturmvogel hab' ich viel lieber als die anderen Pferde", versicherte Hilkka schnell.

Und morgen abend werde ich mich ganz allein um die beiden kümmern, dachte sie. Dann fragte sie sich, wie lange es wohl dauern würde, bis man wieder auf Svala reiten konnte. Sie traute sich allerdings nicht, Petra danach zu fragen. Eines Tages würde sie auch reiten dürfen. Das hatte ihr Astrid versprochen.

Sommerpläne

„Sturmvogel ist verschwunden!" sagte Mick und sank auf den freien Platz neben Petra, während der Schulbus wieder losfuhr. Mick war ein Jahr älter als sie, doch da er ein Schuljahr ausgesetzt hatte, besuchten sie jetzt die gleiche Klasse des Gymnasiums. Im vergangenen Herbst hatte Mick ganztags als Pferdepfleger in der Reitschule gearbeitet, doch nach den Weihnachtsferien war er wieder zur Schule gegangen und arbeitete seitdem nur noch nebenbei im Stall.

„Nein! Wieso verschwunden?" rief Petra entsetzt.

„April, April!" lachte Mick.

„Mein Gott, hast du mich erschreckt! Spinnst du?"

„Du, der fühlt sich wie ein König, der kleine Kerl! Neugierig ist er auch. Wenn die Leute an der Boxtür stehenbleiben, will er sofort hingehen und sich streicheln lassen. Doch wenn's jemand ist, den Svala nicht kennt, legt sie die Ohren an und geht dazwischen."

2 9732-8

„Kleine Svala!" sagte Petra zärtlich. „Sie paßt auf ihr Kind auf."

Der Bus fuhr an den Straßenrand und blieb wieder stehen. Zwei kleine Jungen und ein dunkelhaariges, älteres Mädchen stiegen ein.

„Hallo, Rose-Marie!" sagte Petra.

„Guten Morgen", erwiderte das Mädchen und setzte sich hinter Petra und Mick.

„Hört mal, ich hab' doch nach Strömsholm geschrieben, damit sie uns die Anmeldeformulare für die Grundkurse im Sommer zuschicken", sagte Petra. „Heute hab' ich Antwort bekommen. Die Anmeldefrist ist schon verstrichen. Blöd, hm?"

„Ach, du nimmst uns bloß auf den Arm", sagte Rose-Marie. „Heute ist doch der erste April!"

„Nein, es stimmt", erwiderte Petra düster und zog einen Briefumschlag aus der Mappe. „Schau's dir selbst an, wenn du mir nicht glaubst."

Rose-Marie las den Brief durch. „Außerdem nehmen sie nur Reiter mit eigenen Pferden, also könnte ich sowieso nicht mitkommen", sagte sie. „Astrid auch nicht, weil Ponys nicht zugelassen sind."

„Astrid könnte mit Svala sowieso nicht in irgendein Trainingslager gehen, jetzt, da Svala ihr Fohlen bekommen hat", meinte Mick. „Außerdem sind die Grundkurse so beliebt, daß nur ungefähr die Hälfte der Bewerber unterkommt. Vielleicht wären wir ohnehin nicht angenommen worden, Petra."

„Das ist ein schwacher Trost!"

„Aber es gibt ja noch andere Möglichkeiten", sagte Mick

bedeutungsvoll. „Wir sollten uns in der nächsten Zeit mal zusammensetzen und überlegen, was wir statt dessen unternehmen können."

„Wir könnten uns am Samstag bei mir treffen", schlug Petra vor. „Dann könnt ihr euch gleich unsere neugeborenen Lämmer ansehen, wenn ihr wollt. Die sind einfach süß!"

Wirklich versammelten sich die Reiterfreunde gleich nach dem Mittagessen um den großen Küchentisch des Granberghofes. Sie waren fünf: Auf der Eckbank saß Mick mit einem dicken Heft in der Hand, neben ihm Rose-Marie, die mit ihren flinken Eichhörnchenaugen neugierig auf das Heft sah. Wie Mick und Petra gehörte sie zu den erfahrensten Reitern des Clubs. Sie ritt oft auf dem Reitschulpferd Ballade. Und obwohl sie kein eigenes Pferd hatte, trainierte sie genauso leidenschaftlich wie die Privatreiter. Sie war vor kurzem sechzehn geworden. Ihr Vetter Arne saß ihr gegenüber. Er war ein blonder Junge mit blaugrauen Augen und hatte die geringste Reiterfahrung von allen, er ritt erst seit knapp einem Jahr.

Astrid saß neben ihm. Ohne sich umzudrehen, ließ sie die Hand sinken und lockte leise: „Komm her, Nalle!"

Die Krallen von Hundepfoten scharrten einen Augenblick auf dem Holzboden zwischen den Flickenteppichen. Dann schob sich eine kalte Nase in Astrids Handfläche. Sie ließ die Finger über den Hundekopf gleiten und begann Nalle hinter den Ohren zu kraulen. Der schwarze Labrador setzte sich, und sein Schwanz klopfte zufrieden auf den Boden.

„Ja", sagte Petra, „aus Strömsholm wird also leider

nichts." Sie saß am Tischende. Ihre ungebändigten, blonden Haare standen wirr um den Kopf, ihre graugrünen Augen blitzten.

„Wenn wir alle fünf gemeinsam irgendwohin fahren wollen", sagte Mick, „dann müßte es ein Ort sein, wo man sein eigenes Pferd nicht mitzubringen braucht."

„Ja, wir wollen schließlich auch mitfahren", sagte Astrid.

„Das Reitlager ist jedenfalls am teuersten", behauptete Mick. „Nicht die Reise." Er legte einen Prospekt auf den Tisch. *Where to ride* stand auf dem Umschlag.

„Was ist denn das?" fragte Arne.

„Ein Verzeichnis der Reitschulen in England, die von der British Horse Society anerkannt sind", erklärte Mick. „Mit Adressen, Angaben über die Anzahl der Pferde und der Reitlehrer, die Art des Unterrichts und so weiter."

„Was sind das für Reitschulen?" fragte Rose-Marie.

„Alle Sorten, von Anfänger-Reitlagern bis Waterstock."

„Waterstock?" Petra starrte ihn verblüfft an. „Dort trainieren doch die großen Reiter vor der Weltmeisterschaft!"

„Dann wird's ja Zeit, daß wir Waterstock mit unserem Besuch beehren", sagte Rose-Marie trocken.

„Ja, kann man wohl sagen", stimmte Mick zu. „Ehrlich gesagt, ich hab' schon ein paar Möglichkeiten herausgesucht, die für uns passen könnten. Ich habe an vier Veranstalter geschrieben und um nähere Auskunft gebeten."

„Wir müssen auch herausfinden, was die Reise kostet", warf Petra ein.

„Falls wir überhaupt nach England fahren", sagte Mick.

„Das war nur so ein Vorschlag von mir.“

„Ich könnte ja mal im Reisebüro fragen, was die Fähren kosten und wann sie fahren“, bot Rose-Marie an.

„England, das wäre schön!“ sagte Petra, die noch nie im Ausland gewesen war. „Aber können wir uns das alle leisten?“

„Ich könnte an den Samstagen und nach der Schule im Laden meiner Eltern arbeiten“, meinte Rose-Marie. „Das mache ich öfter, wenn ich Geld brauche.“

„Wenn es nicht zu teuer wird, kriege ich das Geld sicher von meinen Eltern“, sagte Astrid.

„Ich hab' ein bißchen was gespart“, erklärte Arne.

„Wenn wir nach England fahren, kann ich meine Eltern davon überzeugen, daß es ein nützlicher Sprachurlaub für mich ist“, sagte Mick. „Dann zahlen sie mir die Reise bestimmt. Mein Vater wollte mich ja schon letztes Jahr in Sprachferien schicken.“

„Ich müßte versuchen, mein Taschengeld für den Herbst im voraus zu kriegen“, überlegte Petra, „denn das, was ich zusammengespart habe, reicht nicht.“

Alle fünf waren sich einig, daß es Spaß machen würde, nach England zu fahren. Sie beschlossen, sich wieder zusammenzusetzen, wenn Mick Antwort auf seine Anfragen erhalten hatte. Dann wandte sich das Gespräch den Serienwettkämpfen im Reitclub zu, an denen alle außer Arne teilnahmen.

„Wollten wir uns nicht die Lämmer ansehen?“ fragte Astrid plötzlich.

Sie gingen in den Flur hinaus. Aus dem oberen Stockwerk hörte man das Brummen des Staubsaugers. Petra wandte sich aus alter Gewohnheit nach Astrid um, als sie auf den Hofplatz traten; doch dann zögerte sie und streichelte statt dessen den Hund. Sonst half sie ihrer blinden Freundin immer, damit sie sich zurechtfand, aber heute wollte sie das lieber Arne überlassen. Ja, sie hatte recht gehabt! Arm in Arm gingen Astrid und Arne mit zur Schafweide.

„Bei Fuß, Nalle!“ befahl Arne, und der schwarze Labrador ging folgsam neben ihm her.

„Ich glaube, es ist besser, wir nehmen Nalle nicht mit auf die Weide“, sagte Petra, ehe sie das Gatter öffnete. „Sonst kriegen die Schafe Angst.“

„Klar“, erwiderte Arne. „Platz, Nalle, bleib schön hier sitzen! Wir kommen gleich wieder.“

Der Hund blieb außerhalb des Zauns zurück, während die fünf jungen Leute auf die kleine Herde mit schwarzen, weißen und grauen Schafen zugingen.

„Komm, Däumling!“ lockte Petra und kauerte sich nieder.

Ein graues Mutterschaf mit dunklem Kopf und dunklen Beinen kam zu ihr, und ein kleines schwarzes Lamm lief auf unsicheren Beinen hinterdrein. Petra hob das Lamm hoch und trug es zu Astrid.

„Das ist unser Jüngstes“, sagte sie. „Es ist gestern geboren worden und ganz schwarz, mit Ausnahme eines weißen Fleckchens auf der Nase.“

Astrid ließ die Hände über das dichte, krause Fell gleiten, über den runden Kopf und die langen, weichen Ohren.

„Es ist schön!“ sagte sie andächtig.

Sie befühlte auch die dünnen Beine und die kleinen, harten Klauen.

„Erinnerst du dich noch an Däumling, die ich vor zwei Jahren mit der Flasche aufgezogen habe?“ fragte Petra. „Das ist ihr Junges.“

Als Petra das Lamm vorsichtig wieder auf den Boden setzte, sah sie zum Schafstall hinüber. „Wir sollten vielleicht mal in den Stall gehen“, schlug sie vor. „Es haben noch nicht alle Schafe geworfen.“

Im Schafstall war es still. Vorerst schien kein neues Lamm unterwegs zu sein. Als Petra und ihre Freunde wieder ins Freie traten und zum Gatter kamen, erhob sich Nalle und wedelte mit dem Schwanz.

„Bleib sitzen!“ ermahnte ihn Arne.

Sein Hund setzte sich wieder und wartete, bis sie alle die Weide verlassen hatten. Kurz darauf kam Frau Olsson, um Astrid abzuholen, und alle fünf zwängten sich ins Auto und fuhren das kurze Stück zur Reitschule mit. Dort kamen ihnen Lena und Hilkka entgegen.

„Da seid ihr ja endlich!“ rief Lena. „Sollen wir Svala jetzt ins Freie bringen?“

Die Ponystute und ihr Fohlen waren frisch gestriegelt. Die Reitschulpferde wurden gerade in den Stall zurückgeführt, und die Reitbahn war leer. Noch vor einer Woche war die Bahn ein hoffnungsloser Matsch aus Eis und Schnee gewesen, doch jetzt war der Boden wieder in besserem Zustand. Der Sand war zwar noch immer schwer und feucht, aber nun war die Bahn wenigstens nicht mehr so glatt.

Heute sollte Sturmvogel zum erstenmal den Stall verlassen. Er war eine Woche alt und wußte noch nichts von der Welt außerhalb seiner vier Boxwände. Lena durfte Svala führen. Das Fohlen folgte seiner Mutter dicht auf den Fersen.

Mick und Petra gingen mit, um aufzupassen, daß Sturmvogel nicht auf Abwege geriet. Sie verschlossen den Eingang zur Reitbahn hinter den beiden Ponys mit Balken. Lena löste das Halfter und ließ Svala frei.

Petra stand neben Astrid und beschrieb ihr, was auf der Reitbahn vorging. Sie berichtete, wie überrascht Sturmvogel wirkte, als Svala sich im Sand wälzte, wie er sich langsam immer weiter von seiner Mutter fortwagte und schließlich das ganze Gelände erforschte.

„Herrje, jetzt düst er aber los!" sagte Rose-Marie plötzlich.

„Er hat offenbar entdeckt, daß es so etwas wie Galopp gibt", warf Petra ein. „Er zischt wie eine Rakete quer über die Bahn, macht kehrt und rast zu Svala zurück. Ein richtiger kleiner Blitz! Er ist so schön, daß es fast weh tut, ihn anzusehen."

Das fand Hilkka auch. Sie verschlang das kleine Pferd förmlich mit den Blicken.

„Glaubst du, daß ich anfangen könnte, Svala wieder zu reiten?" fragte Astrid nach einer Weile.

„Ja, sicher", erwiderte Petra. „Meinst du, jetzt sofort? Dann hole ich Sattel und Trense..."

Endlich! Astrid genoß die geschmeidigen, vertrauten Bewegungen ihres Ponys. Es war so ein sicheres, schönes Gefühl, auf Svalas Rücken zu sitzen, verglichen mit der großen, nervösen Saga! Langsam ritten sie am Zaun entlang. Petra stand auf der Reitbahn und gab Anweisungen. Das Fohlen ging mit, als hätte es Angst, seine Mutter könnte plötzlich verschwinden.

„Du kannst auch ein bißchen traben, aber das reicht dann“, meinte Petra. „Svala ist noch ziemlich untrainiert, und wir dürfen das Fohlen nicht überanstrengen.“

Auf einen Schenkeldruck Astrids fiel Svala in Trab. Jetzt war kein Eis mehr auf der Bahn, und kein Schnee dämpfte das Geräusch des Hufschlags. Endlich konnte Astrid mit Hilfe des Hufschlaggeräusches wieder erahnen, wo der Zaun war, und sie war glücklich, daß der Winter vorüber war. Anschließend führte sie ihr Pony selbst in den Stall, und die anderen gaben acht, daß das Fohlen mitkam.

„Ich kann das Gebiß waschen“, bot Hilkka sich an, sobald Astrid die Trense abgenommen hatte.

„Möchtest du auch noch eine Runde auf Saga reiten?“ schlug Mick vor, als Hilkka in Richtung Wasserhahn verschwunden war.

Eine Woche war seit dem ersten Wettkampf vergangen, und Astrid hatte seitdem nicht mehr auf Saga gesessen.

„Es war wirklich nett von dir, daß du mir Saga gegeben hast“, erwiderte Astrid zögernd. „Aber jetzt, wo ich wieder auf Svala reiten kann, möchte ich bei den zwei letzten Teilwettkämpfen lieber mit ihr antreten.“

„Aber du kannst noch nicht richtig mit ihr trainieren“, wandte Mick ein. „Ihre Höchstform wird sie bestimmt nicht erreichen. Sie muß einfach noch geschont werden!“

„Sie braucht nicht hart trainiert zu werden, um durchs leichte C-Programm zu kommen.“

„Vielleicht nicht“, sagte Mick. „Aber willst du’s wirklich

nicht noch mal mit Saga versuchen?"
„Nicht, wenn ich statt dessen Svala habe."
„Du könntest auf beiden reiten", schlug Petra vor.
„Dann muß ich ja mit beiden trainieren, und das schaffe ich nicht", wandte Astrid ein.
„Das stimmt allerdings", gab Petra zu.
„Aber wenn einer von euch mal Zeit hat, wär's schön, wenn ihr Hilkka helfen würdet, mit Svala ein bißchen im Schritt zu reiten."
„Das müßte sich machen lassen", versprach Mick.
Hilkka war gerade mit der Trense zurückgekommen. „Wann?" fragte sie sofort begeistert.
„Kannst du morgen hier sein, ehe die Reitstunden anfangen?" fragte Mick.
„Klar, ich komme ganz früh!" versicherte Hilkka.
Petra ging zu Fuß nach Hause. Es war nicht weit, wenn man die Abkürzung durch den Wald nahm. Noch lagen Schneereste im Schatten zwischen den Bäumen. Graue und braüne Winterfarbtöne mischten sich noch immer unter das tiefe Dunkelgrün der Tannen und Fichten, doch der Frühling lag in der Luft.
Petra dachte an die Englandreise. Nur wenige ihrer Freunde waren so selten verreist wie sie. Ihre Eltern waren an den Hof gebunden, weil die Tiere versorgt werden mußten. Petra erinnerte sich nur an eine einzige Reise, die sie zusammen mit ihren Eltern für ein paar Tage unternommen hatte, während die Nachbarn Anna und Petrus sich um die Tiere gekümmert hatten. Trotzdem hatte Petra ihre Freunde nie richtig beneidet. Was bedeuteten schon die Badestrände auf den Kanarischen Inseln im Vergleich

zu einem eigenen Pferd? Doch sich in England im Reiten weiterzubilden, das war etwas anderes! Und ihr größter Wunsch war, daß aus dieser Reise wirklich etwas werden würde.

Vielleicht konnte sie an den Samstagen irgendeinen Job finden, um das Geld zusammenzubringen? Dann hatte sie natürlich weniger Zeit, um mit Riegel zu trainieren. Aber nun wurden die Abende wieder länger, also mußte es trotzdem gehen.

Voller Stolz dachte sie an Riegel. Der fast fünfjährige Wallach schien sowohl für die Dressur als auch fürs Springen begabt zu sein, doch er hatte noch viel zu lernen. Im ersten Teilwettbewerb hatten sie einen mittleren Platz belegt, und Petra war fest entschlossen, beim nächstenmal besser abzuschneiden. Sie nahm jetzt bei Karin Unterricht in Dressur und merkte, daß Riegel Fortschritte machte. Manchmal ging er einfach wunderbar, mit schwungvollem Schritt und nachgiebigem Hals, dann wieder spannte er sich einfach nur an und stürmte davon. Wenn sie ihn nur dazu bringen konnte, in gleichbleibend guter Form zu sein, dann würde er ein gutes Turnierpferd werden.

Ein richtiger Freund war er geworden. Riegels Zuneigung war nicht so leicht zu gewinnen, aber Petra ritt ihn seit dem vergangenen Sommer, und sie fand, daß sie einander jetzt vertrauten. Sie liebte den großen, braunen Wallach.

Bald endete der Wald, und der Pfad mündete in einen Traktorweg, der zum Granberghof führte, Petras Zuhause. Sie blieb stehen und spähte zum Schafstall hinüber. Dort stand ihr Vater über etwas gebeugt, das am Boden lag, während die Schafe sich ein wenig abseits hielten. Was war passiert?

Petra verließ den Weg, ging links am Waldrand entlang zur Schafweide und kletterte über den Zaun. Rasch lief sie über die Wiese zu ihrem Vater und sah, wie er sich aufrichtete. Er hielt ein schwarzes Lamm in den Armen. War es krank?

„Papa, was ist denn los?"

Er wandte sich zu Petra um. Die dünnen schwarzen Beinchen des Lamms hingen schlaff herab – zu schlaff. Der kleine, wollige Kopf hing über seinen Arm, die Kehle war blutig und zerfetzt. Auf der Nase war ein winziger, weißer Fleck. Däumlings Lamm war nur zwölf Stunden alt geworden...

„War's der Fuchs?" stieß Petra hervor.

Sie stand unbeweglich da und starrte auf das kleine Wesen. Petra hatte schon früher tote Lämmer gesehen, solche, die bei der Geburt gestorben oder zu schwach gewesen waren, um zu leben, doch nie eines, das so schlimm zugerichtet war.

„Nein, der Fuchs war es nicht!" sagte ihr Vater, und seine grauen Augen waren hart. „Sieh dir die Spuren dort drüben im Schlamm an. So große Pfoten hat ein Fuchs nicht. Das war ein Hund!"

Hilkka zu Pferd

„Bist du sicher, daß es Arnes Hund nicht gewesen sein kann?“ fragte Petras Mutter beim Abendessen.

„Wann hätte er es denn tun sollen? Wir waren doch die ganze Zeit bei ihm. Außerdem ist Nalle doch ganz sanft!“

„Aber was gibt es denn hier in der Gegend für Hunde, die in Frage kommen?“ überlegte ihre Mutter. „Der Jagdhund der Familie Höglund vielleicht?“

„Der hat bestimmt nicht so große Pfoten“, meinte der Vater. „Und die Höglunds lassen ihn auch nie frei herumlaufen.“

Plötzlich erinnerte sich Petra, daß sie und ihre Freunde für ein paar Minuten in den Schafstall gegangen waren. War es möglich, daß der gutmütige, folgsame Nalle diese Minuten genutzt hatte, um das Lamm zu töten? Doch als sie den Schafstall verlassen hatten, waren die Schafe ruhig und friedlich gewesen, und Nalle hatte noch immer außerhalb des Zaunes genau an der Stelle gewartet, an der sie ihn zurückgelassen hatten. Nein, er konnte es nicht getan haben.

„Der Schäferhund!“ sagte sie unvermittelt.

„Was für ein Schäferhund?“ fragte ihre Mutter.

„Drüben bei der neuen Villa neben Nilssons Sommerhaus war ein Schäferhund, als ich am Sonntag vorbeigeritten bin.“

„Aha“, sagte der Vater. „Lief er frei herum?“

„Ja, und er hat geknurrt und gebellt.“

„Wir haben natürlich keine Beweise“, bemerkte der Vater, „aber es schadet wohl nichts, wenn ich mal hinüberfahre und mich ein bißchen umhöre.“

Er fuhr gleich nach dem Essen los, doch er kam bald zurück.

„Ja, das ist ein Ehepaar, das jetzt übers Wochenende hier ist und in acht Tagen ganz hierherzieht“, berichtete er. „Ich hab' den Leuten gesagt, was passiert ist, und gefragt, ob ihr Hund frei herumgelaufen wäre.“

„Und?“ fragte seine Frau.

Vater Granberg stieß ein Schnauben aus. „Sie haben gesagt, ihr Hund wäre das gutmütigste Tier der Welt und könnte keiner Fliege etwas zuleide tun, und außerdem würde er das Grundstück nie ohne sie verlassen. Und während sie das sagten, lag der gutmütige Hund im Hintergrund und knurrte, als würde er mich am liebsten zerfleischen. Wenn ich auch nur etwas von Hunden verstehe, dann ist dieser Schäferhund ausgesprochen bissig. Ich hab' die Besitzer gebeten, ihn nicht aus den Augen zu lassen. Das hat ihnen nicht gepaßt, das hab' ich gemerkt.“

„Glaubst du, daß sie ihn in Zukunft anbinden werden?“ fragte Frau Granberg. „Ich möchte nicht, daß noch mehr Lämmer getötet werden.“

„Wir lassen Fuchsa tagsüber auf der Schafweide grasen“, schlug Petra vor.

Fuchsa war das Arbeitspferd des Granberghofes, eine nordschwedische Stute mit Blesse und langem, blondem

Schweif- und Mähnenhaar. „Fuchsa könnte bestimmt jeden Hund vertreiben“, fügte sie hinzu. „Und jetzt, wo sie hochträchtig ist, läuft sie nicht so wild herum, daß sie die Schafe durcheinanderbringt.“

„Wir wollen's hoffen“, brummte der Vater. „Vielleicht ist es einen Versuch wert.“

Hilkka radelte auf ihrem roten Fahrrad, für das Sirkka zu groß geworden war, zum Stall. Sie war so glücklich, daß sie am liebsten getanzt und gesungen hätte.

„Ich darf reiten!“ schrie sie laut heraus.

Mein Gott, klang das albern! Sie sah sich hastig um, doch zum Glück war sie allein auf der Straße. Keiner hatte sie gesehen.

„Ja, reiten werd' ich!“ rief sie laut und ließ die Lenkstange los. Übermütig radelte sie weiter.

Sie konnte sich einfach nicht länger beherrschen. Gestern abend hatte sie zu Hause getan, als wäre nichts passiert, war lieb und nett gewesen und hatte mit Jarmo gespielt, ihrem kleinen Bruder. Die Familie ahnte nicht, daß der große Tag bevorstand, an dem Hilkka zum erstenmal auf einem Pferderücken sitzen durfte. Jetzt legte sie eine Hand vor den Mund und heulte wie ein Indianer. Das Fahrrad schwankte, so daß sie rasch wieder nach der Lenkstange griff.

Als sie den Stall erreichte, lehnte sie das Rad an die Hausecke. Im Stallhof selbst, zwischen Reitbahn und Stall, waren Fahrräder verboten, damit die Pferde genügend Bewegungsfreiheit hatten.

Die Pferde standen in ihren Boxen und kauten ihr

Morgenheu. Kein Mensch war zu sehen. Hilkka war froh, allein zu sein.

Svala hatte ihr Maul tief ins Heu versenkt, doch als Hilkka kam, hob sie den Kopf ein wenig, und ihre Nüstern weiteten sich in einem leisen Wiehern.

Hilkka wurde vor Entzücken ganz warm ums Herz. Svala begrüßte sie mit einem Wiehern! Es war ja sonst niemand da, dem das Wiehern gelten konnte. Svala hatte sie begrüßt.

Das kleine Mädchen holte das Putzzeug und strich mit der weichsten Bürste vorsichtig über Sturmvogels fuchsfarbenes Fell. Da er offenbar nichts dagegen hatte, bürstete sie den ganzen zarten Körper, den kurzen Hals und die langen, dünnen Beine.

„Und jetzt noch den Kopf, Spätzchen!“

Das gefiel ihm weniger. Hilkka strich ein paarmal behutsam über seine Stirn mit der herzförmigen Blesse, doch dann wandte er sich ab und verzog sich hinter Svalas Rücken.

Na ja, einigermaßen sauber ist er jetzt wenigstens, dachte Hilkka, und begann die Stute zu bürsten. Bald glänzte Svalas schwarzes Fell, und der Stern und die weißen Hinterbeine waren wie frischgefallener Schnee.

„Richtig schön hast du das gemacht!“ lobte Mick, als er aus seinem Zimmer herunterkam. „Sollen wir sie satteln?“

Hilkka hatte noch nie selbst ein Pferd gesattelt, doch sie hatte schon oft zugesehen. Das Anlegen der Trense ging gut, aber sie legte den Sattel ein bißchen zu weit nach vorn, so daß Mick ihr helfen mußte, ihn zurechtzurücken. Dann holte er eine der Leihreitkappen aus dem Stallbüro. „Die hier müßte dir passen.“

Hilkka drückte die Reitkappe auf den Kopf, zog den Kinnschutz fest an und wünschte, es wäre irgendwo ein Spiegel da.

„Sturmvogel darf mitkommen“, sagte Mick. „Allein lassen dürfen wir ihn nicht, sonst könnte er unruhig werden und sich irgendwie verletzen, wenn er sich aufregt.“

Hilkka nickte. Sie griff mit der linken Hand nach dem Zügel, eine Handbreit von den Trensenringen, nahm das Zügelende in die linke Hand, wie sie es gelernt hatte, und führte Svala hinaus.

Sturmvogel trabte im Sand herum, mit aufgewecktem Blick und gespitzten Ohren, während Hilkka sich in den Sattel stemmte. Da saß sie nun! Sie hatte so viele Reitstunden gesehen und den Anweisungen gelauscht, doch plötzlich war das alles wie weggeblasen, und sie wußte nicht mehr, was sie tun sollte.

Mick zeigte ihr, wie sie im Sattel sitzen und die Zügel halten sollte. Dann begann sie im Schritt zu reiten. Sie wartete nur darauf, daß Mick über all die schrecklichen Fehler, die sie machte, zu schimpfen begann, aber er war sparsam mit seiner Kritik. Und während Hilkka auf Svalas Rücken saß, langsam von ihr herumgetragen wurde, Kehrtwendungen nach links und rechts machte und auf den verschiedenen Wegen der Reitbahn übte, verzog sich ihr Gesicht langsam zu einem immer breiteren Lächeln. Endlich durfte sie reiten lernen!

Plötzlich sah sie ihre Schwester Sirkka, die auf dem Weg zu Verelius' Stall dahergeradelt kam, um Agnetas Vollblutstute zu füttern und zu striegeln. Hilkka richtete sich noch höher im Sattel auf und versuchte die Fersen noch

3 9732-8

mehr nach unten zu drücken, doch ihre Schwester hielt nicht an, um zuzusehen, sondern fuhr einfach vorbei.

Sirkka war dreizehn. Für sie war Hilkka noch ein Kind, jemand, den sie nicht am Schürzenzipfel hängen haben wollte. Hilkka hätte schon im letzten Jahr mitkommen können, als Sirkka angefangen hatte, zum Stall zu fahren. Doch die ältere Schwester hatte die „Kleine“ nicht mitnehmen wollen. Es hatte dann lange gedauert, ehe Hilkka auf eigene Faust zum Reitstall radelte. Die Familie wohnte ungefähr drei Kilometer entfernt, und Hilkka hatte hier niemanden gekannt, außer ihrer Schwester Sirkka, die in Ruhe gelassen werden wollte. Als die Jüngere nach einiger Zeit den Mut gefunden hatte, sich nach den Reitmöglichkeiten zu erkundigen, waren alle Anfängerkurse ausgebucht gewesen. Doch keiner hatte Hilkka daran gehindert, herumzuschlendern, sich im Gelände umzusehen und die Pferde zu streicheln, wenn sie zur Boxtür kamen.

Pferde waren für Hilkka das schönste auf der Welt. Sie kam weiterhin zum Reitstall, obwohl sie nicht reiten durfte. Und als sie ganz unerwartet die Gelegenheit bekam, Svalas Pflegerin zu werden, war sie es bereits gewöhnt, täglich den weiten Weg zum Stall zu radeln. Jetzt bekam sie endlich eine Reitstunde, und es machte ihr gar nichts aus, daß Sirkka nicht zusah.

„Mach halt, das reicht für heute!“ sagte Mick schließlich. „Nächstesmal kannst du traben.“

Als Hilkka nach Hause fuhr, war sie so von Glück erfüllt, daß sie zu platzen glaubte. Noch immer spürte sie die Zügel in den Händen und die Bewegungen des Ponys unter sich. Sie trat in die Pedale, so fest sie konnte, und das alte Fahrrad flog richtig dahin. Eines Tages würde sie galoppieren, anstatt mit dem Rad zu fahren! Sie fragte sich, wie lange das wohl dauern würde, aber nach der heutigen Reitstunde zweifelte sie nicht mehr daran, daß sie es lernen konnte. In der Schule war sie nicht gerade eine der Besten, und es gab vermutlich eine Menge Dinge, die sie nie lernen würde. Aber ihre Reitstunden auf Svala würden erfolgreich sein, da war sie sicher! Sie liebte das schwarze Pony so bedingungslos, daß es ihr gar nicht einfiel, Angst zu haben. Ihre geliebte Svala konnte ihr unmöglich weh tun!

Trotzdem gab es etwas, wovor sie Angst hatte. Sie fürchtete, sie könnte irgendwann einmal etwas so falsch machen, daß Astrid sie nicht mehr als Pflegerin für Svala und das Fohlen haben wollte. Sie war ja nicht besonders erfahren oder begabt, und früher oder später mußte Astrid merken, wie wenig sie konnte. Wenn sie nur rechtzeitig vorher soviel lernen konnte, daß sie alles richtig machte...

Petra fand keinen Samstagsjob. Sie beschloß also, ihre Eltern um das Geld für die Reise zu bitten. Im Grunde war es in Ordnung, wenn sie das tat, denn sie half zu Hause mit, wo sie konnte. Rose-Marie bekam Geld dafür, wenn sie im Lebensmittelladen ihrer Eltern aushalf.

An einem Donnerstagabend während des Essens brachte Petra die Sache zur Sprache. Sie schlug ihren Eltern vor, ihr das Taschengeld für den Herbst im voraus zu zahlen. Darauf folgte ein langes, unbehagliches Schweigen.

„Wann wollt ihr denn fahren?" fragte der Vater endlich.

„Irgendwann in den Sommerferien. Es hängt natürlich davon ab, wann sie in der Reitschule, zu der wir fahren, Platz für uns haben."

„Wie lange wollt ihr wegbleiben?" wollte ihre Mutter wissen. „Ihr habt ja schon oft von einer Englandreise gesprochen, aber ich wußte nicht, daß ihr euch jetzt so fest dazu entschlossen habt."

„Entschieden ist es noch nicht", sagte Petra zögernd. „Aber natürlich muß sich die weite Reise auch lohnen. Mick hat von einem Monat geredet."

Der Vater räusperte sich. „Und wer soll eure Pferde versorgen, wenn ihr fort seid?"

Petra hatte sich das noch nicht richtig überlegt, doch sie wußte genau, daß dies der schwache Punkt bei ihren Reiseplänen war.

„Du warst doch den ganzen vergangenen Sommer fort", erinnerte die Mutter sie. „Könntest du in diesem Jahr nicht zu Hause bleiben?"

„Ich bleibe ja nicht den ganzen Sommer weg!" wandte Petra ein. „Wir sind wahrscheinlich höchstens vier Wochen fort. Natürlich geht das nur, wenn ihr mir mit dem Geld helft. Ich brauche in nächster Zeit keine neue Kleidung, und im Herbst werde ich unheimlich sparen. Und überlegt mal, wie gut ich Englisch lernen werde!" Hoffnungsvoll blickte sie ihre Eltern an.

„Das Geld ist nicht das Problem", erwiderte der Vater. „Da könnten wir schon eine Lösung finden. Aber wie sollen Mama und ich hier all die Arbeit schaffen?"

„Natürlich gönnen wir dir die Reise", fügte Mutter Granberg hinzu, „aber so jung sind wir auch nicht mehr.

Wenn du uns in Zukunft im Sommer nicht mehr hilfst, wird es schwierig für uns werden!"

„Es ist doch nur für einen Monat!" bat Petra. „Wenn wir eine Lösung für die Pferde finden, müßte es doch eigentlich gehen!"

„Ja, wenn das geregelt ist, und wenn du erst nach der Heuernte fährst", erwiderte ihr Vater.

Weiter kamen sie an diesem Abend nicht, aber Petra war unzufrieden. Es war ja gar nicht sicher, daß sie die Reise erst für die Zeit nach der Heuernte buchen konnten. Trotzdem konnte sie sich nicht einreden, daß die Arbeit auf dem Hof nur ihren Vater und ihre Mutter etwas anging. Und um Riegel mußte sie sich kümmern, das war das mindeste. Sie hatte die Verantwortung für ihn. Er mußte täglich seine Pflege haben und brauchte das ganze Jahr über sein Heu... Und dieses Heu mußte im Sommer eingebracht werden! Aber es ging nicht darum. Riegel mußte auch trainiert werden, und dafür brauchte Petra soviel Reiterfahrung wie möglich. Wenn sie Riegel zu einem guten Turnierpferd machen wollte, brauchte sie selbst das Training auf gut ausgebildeten Pferden, das sie während der Englandreise bekommen könnte. Daß Mick auch mitfahren würde, machte die Sache natürlich noch verlokkender.

Am folgenden Abend ritt sie zur Reitschule. Noch ehe sie den Waldrand erreicht hatte, hob Riegel den Kopf, er spitzte die Ohren und sah zum Schafstall und zur Schafweide hinüber. Der Schäferhund der neuen Nachbarn trottete langsam am Zaun entlang. Er schien sich nicht im geringsten für die Schafe zu interessieren. Er sah auch nicht zu dem nordschwedischen Pferd jenseits des Zaunes hinüber. Doch Petra vermutete, daß er nicht so gleichgültig war, wie er tat.

Fuchsa, die auf der Schafweide war, sah nicht böse aus, doch ihre Entschlossenheit, den Schäferhund nicht näherkommen zu lassen, war unverkennbar. Trotz ihres dicken, schaukelnden Bauches ging sie rasch ein paar Meter innerhalb des Zaunes dahin, auf gleicher Höhe mit dem Hund. Ihr langer, blonder Schweif wehte im Wind, die Ohren waren aufmerksam gespitzt. Fuchsas Vorfahren hatten mit Wölfen und Bären gekämpft, und sie war keineswegs bereit, irgendein Raubtier auf ihrer Weide zu dulden.

„Prima machst du das, Fuchsa!" murmelte Petra bei sich. „Paß nur gut auf, und gib dem Kerl eins auf den Pelz, wenn er dumm genug ist, über den Zaun zu springen!"

Doch der Hund lief heimwärts, als hätte er begriffen, daß mit Fuchsa nicht zu spaßen war. Seitdem das nordschwedische Pferd auf der Schafweide graste, hatten die Lämmer und Schafe ihre Ruhe. Das konnte natürlich ein Zufall sein, aber Petra war überzeugt, daß es Fuchsas Verdienst war. Allerdings konnte man nicht wissen, ob der Schäferhund nicht doch eines Tages eine günstige Gelegenheit abpassen würde. Fuchsa konnte ja nicht überall gleichzeitig sein. Aber nach dem ersten Mai war es hier verboten, Hunde frei in der Natur herumlaufen zu lassen. Wenn den Schafen bis dahin nichts geschah, war das Problem aus der Welt geschafft, dachte Petra.

Sie ritt durch den Wald. Von den Bäumen hörte sie die klaren, melodischen Triller einer Amsel. Petra kannte keinen Vogel, der schöner sang. Wenn die Amseln flöteten, dann war Frühling, auch wenn die Bäume noch kahl waren.

An diesem Freitag kam sie eine Stunde früher als sonst zur Reitschule; sie hatte versprochen, sich um Sturmvogel zu kümmern, während Hilkka ritt. Das Fohlen war jetzt fast drei Wochen alt, und Astrid und Hilkka hatten Svala schon mehrmals geritten. Doch heute abend sollte Hilkka an einer Anfängergruppe teilnehmen, die Mick unterrichtete, und da konnte Sturmvogel nicht dabeisein.

„Ich hab' heute einen Brief aus England bekommen", rief Mick, als Petra ihn in der Sattelkammer traf.

„O prima!" stieß Petra hervor. Doch dann fiel ihr das Gespräch mit ihren Eltern vom Vorabend wieder ein. *Wer soll eure Pferde versorgen, wenn ihr fort seid?*

„Wenn's nicht anders geht, muß ich Saga wohl im Sommer nach Strandängen auf die Weide schicken. Aber dafür muß ich eine Transportmöglichkeit finden, und das wird schwierig werden", sagte Mick, als hätte er ihre Gedanken erraten. „Hättet ihr genug Weideland für Saga?"

„Weideland schon", erwiderte Petra, „aber ich kann meine Eltern nicht mit einer ganzen Pferdeschar allein lassen, wo sie die Arbeit sowieso kaum allein schaffen. Ehrlich gesagt hab' ich keine Ahnung, wie ich von zu Hause weg kann!"

„Wegen Saga brauchst du jedenfalls nicht zu Hause zu bleiben!" sagte Mick entschieden. „Dann bringe ich sie lieber nach Strandängen!"

„Es bleiben trotzdem noch immer fünf Pferde", erwiderte Petra nachdenklich. „Riegel und Fuchsa und ihr Fohlen,

das bald geboren wird, und Svala und Sturmvogel..."
„Ich kann Svala und Sturmvogel versorgen!" Hilkka war in die Sattelkammer gekommen, ohne daß Petra und Mick sie bemerkt hatten.

„Das ist lieb von dir", sagte Petra und lächelte. „Aber es geht ja nicht allein darum."

Hilkka sperrte Svalas Kiste auf und holte das Putzzeug heraus.

„Am besten beeilst du dich heute mit dem Striegeln", sagte Mick. „Du kannst Svala auch satteln, dann überprüfe ich noch mal alles, ehe du sie hinausführst."

Hilkka nickte und machte sich auf den Weg zu Svalas Box.

„Letztes Jahr sind deine Eltern doch den ganzen Sommer ohne dich klargekommen!" sagte Mick zu Petra. „Warum geht's denn diesmal plötzlich nicht?"

„Letztes Jahr haben ihnen Anna und Petrus noch bei der Heuernte geholfen, aber jetzt sind sie mit allem allein. Petrus darf sich nicht mehr so anstrengen, und Anna hat Schmerzen in den Knien. Außerdem hatten wir letztes Jahr auch nicht fünf Pferde, sondern nur Svala und Jeppe, und die sind meistens von Astrid und Lena versorgt worden."

„Verdammt!" sagte Mick und rückte Sagas Sattel zurecht, der sowieso schon gerade am Haken hing. „Es macht mir nicht halb soviel Spaß, wenn du nicht mitfährst. Irgendwie muß es doch gehen!"

Tief in Gedanken ging Petra über die Stallgasse. Sie wartete, bis Hilkka das schwarze Pony aus der Box geführt hatte, dann ging sie rasch hinein und schloß die Boxtür hinter sich. Sturmvogel versuchte sich gegen die geschlossene Tür zu werfen, doch Petra ging dazwischen und gab sich alle Mühe, ihn zu beruhigen.

„Armes Kerlchen!" sagte sie sanft. „Deine Mutter kommt ja bald zurück!"

Das Fohlen wieherte herzzerreißend und drehte sich wie wild im Kreis. Es kümmerte sich nicht im geringsten um Petras tröstliches Zureden. Plötzlich hörte man ein Wiehern von draußen. Es war Svala, die ihrem Fohlen antwortete.

Sturmvogel stand regungslos unter dem Fenster, die Ohren steil aufgerichtet. Er reichte jedoch nicht bis zur Scheibe, um hinauszusehen. Plötzlich stellte er sich auf die Hinterbeine, schlug mit den kleinen Vorderhufen gegen die Wand und stand dann jäh wieder auf allen vier Beinen.

„Sie kommt ja bald zurück, Kerlchen", versicherte Petra liebevoll. Das kleine Hengstfohlen tat ihr so leid. Hätte sie ihm nur klarmachen können, daß Svala bald zurückkommen würde! Aber das ging natürlich nicht. Sturmvogel mußte es durch Erfahrung lernen. Wenn nur sein Gewieher Svala nicht so beunruhigte, daß sie sich weigerte, beim Reitunterricht mitzumachen! Hilkka hatte nach all der Arbeit mit dem Striegeln und Ausmisten wirklich ein bißchen Spaß verdient.

Daß Hilkka auch das Ausmisten als Vergnügen empfand, davon hatte Petra keine Ahnung. Für sie war Ausmisten ebenso alltäglich wie Geschirrspülen; sie war eben mit Stallarbeit aufgewachsen. Sie hatte sich Reiten und Pferdepflege nicht erst erkämpfen müssen, so wie Hilkka.

Petra stand mit dem Rücken zur Boxtür und konnte durchs Fenster nur eine kleine Ecke der Reitbahn sehen.

Plötzlich kam Jeppe, der Schecke, in ihr Blickfeld. Er wurde von Jenny geritten, die mit ihren sieben Jahren die Jüngste in der Gruppe war. Die Gruppe machte eine Kehrtwendung, und Jennys schmaler Rücken sah sehr klein aus über dem breiten, braun und weiß gefleckten Hinterteil des Ponys. Sie verschwanden, gerade als Svala in Sichtweite kam. Die Reitstunde war also in vollem Gang.

Vernünftig von Hilkka, hinter Jeppe herzureiten, dachte Petra. Die beiden Ponys waren daran gewöhnt, beisammen zu sein. Sie hatten im Stall ihre Boxen nebeneinander.

Sturmvogel war jetzt etwas ruhiger. Doch obwohl Petra versuchte, dem Reitunterricht zuzusehen, vergaß sie keinen Augenblick das Fohlen, das zwischen ihr und dem Fenster stand. „Traue nie einem Fohlen!" hatte sie zu Hilkka gesagt und es auch ernst gemeint. Selbst das liebste, sanfteste Fohlen war im Grunde wie ein unerfahrenes Kind ohne Vorsicht und Überlegtheit. Zwei- oder dreijährige Menschenkinder paßten nicht auf, wenn sie auf die Straße liefen, weil sie nichts von den ihnen drohenden Gefahren wußten; ebensowenig sahen sich drei Wochen alte Fohlen vor, wenn sie mit ihren harten kleinen Hufen ausschlugen.

Angst hatte Petra nicht. Sie war sicher, daß sie mit dem kleinen Hengstfohlen zurechtkam, was ihm auch einfallen mochte. Doch ihre Wachsamkeit ließ keinen Augenblick nach; sie nahm jede Bewegung des Fohlens wahr. Immer wieder wurde der Kleine unruhig, drehte sich im Kreis und wieherte. Aber dazwischen horchte er doch auf Petras beruhigende Stimme.

Manchmal tauchten Hilkka und Svala hinter dem Fenster auf, doch es ging immer viel zu rasch, als daß Petra den

Vorgängen richtig hätte folgen können. Wenn sie direkt vor dem Fenster gestanden wäre, hätte sie besser gesehen, aber sie postierte sich lieber zwischen dem Fohlen und der Boxtür. Gegen Ende der Reitstunde sah sie einige Gruppen im Galopp vorüberreiten – Hilkka war jedoch nicht darunter.

„Nein, ich fand es besser, wenn sie mit dem Galopp noch wartet“, erklärte ihr Mick etwas später. „Aber sonst hat sie's gut gemacht.“

Mick und Petra ritten später im Schrittempo Seite an Seite auf ihren eigenen Pferden. Die anderen Schüler des Fortgeschrittenen-Reitkurses schwangen sich gerade in die Sättel.

„Und wie geht's mit Sturmvogel?“ fragte Mick.

„Na ja, er war natürlich unruhig, aber ich glaube, er gewöhnt sich mit der Zeit daran, daß Svala auch mal weg ist. Bis zum nächsten Teilwettkampf ist's allerdings nicht mehr lange hin“, fuhr Petra fort, „und ich weiß nicht recht, ob er dann ohne Kindermädchen auskommt.“

„Am ersten Mai“, sagte Mick nachdenklich. „Wenn Astrid anstatt auf Svala mit Saga antreten würde, wäre das kein Problem.“

„Ich glaube nicht, daß sie sich das zutraut“, erwiderte Petra und sah auf Riegels schwarze, gestutzte Mähne nieder. „Wahrscheinlich hat sie neulich Angst bekommen, als es so schlecht ging.“

„Meinst du? Schade“, fand Mick. „Denn eigentlich können sowohl Astrid als auch Saga viel mehr. Es ist bloß einfach schiefgegangen.“

„Ihr könnt die Zügel aufnehmen und euch auf dem

Dressurviereck verteilen!“ rief plötzlich eine energische Stimme.

Es war Karin, die Reitlehrerin. Die Reitstunde hatte begonnen.

„Er war nie besser als heute ...“

Petra blieb unter der Treppe stehen und zog ihre Reitstiefel an. Dann schaute sie in den Flurspiegel. Sie war nicht unzufrieden mit ihrem Anblick. Die schwarze Reitkappe trug sie zwar auch an Wochentagen, doch das dichte, blonde Haar, das ihr ovales Gesicht sonst stets ein wenig ungebärdig umrahmte, war zur Feier des Tages im Nacken zu einem kurzen Pferdeschwanz zusammengebunden. Der blütenweiße Kragen des Polohemds paßte gut zur schwarzen Reitjacke, die sie im letzten Jahr zum Geburtstag bekommen hatte. Nur die Reithose... Petra hätte am liebsten eine weiße für Turniere gehabt, so wie Agneta und Charlotte und ein paar andere Mädchen; doch wenn sie das Geld für die Englandreise zusammenbekommen wollte, mußte sie sich weiterhin mit der alten braunbeigen Hose begnügen. Sie war jedenfalls frisch gewaschen und die Stiefel waren auf Hochglanz poliert.

Sie würde Mut und Zuversicht brauchen. Der heutige Wettbewerb war etwas wie eine Generalprobe vor der Bronzeabzeichen-Prüfung beim dritten und letzten Wettkampf. Petra hatte schon einmal versucht, das Bronzeabzeichen zu erwerben. Die Theorieprüfung und den Geländeritt hatte sie geschafft, nicht aber das Dressurprogramm. Wenn sie beim Teilwettbewerb gut abschnitt, würde sie endlich das ersehnte Abzeichen bekommen! Doch falls sie es auch diesmal nicht schaffte, würde sie alle drei Prüfungen wiederholen müssen. Ihre erfolgreiche Theorie- und Geländerittprüfung vom letzten Sommer galt nur für ein Jahr. Falls sie innerhalb dieses Jahres die Dressurprüfung nicht bestand, mußte sie noch einmal von vorn anfangen.

„Und das wäre doch schade, nicht, Riegel?“ sagte sie, während sie ihr Pferd sattelte. Sie streichelte den Wallach.

Riegel hatte sein Winterhaar abgeworfen. Das braune Fell glänzte. Als Petra ihn aus dem Stall führte, hob er den Kopf und holte tief Atem, als wüßte er, daß etwas Besonderes bevorstand. Petra setzte den Fuß in den Steigbügel und schwang sich in den Sattel.

Ihre Eltern sahen ihr vom Kuhstall aus nach. „Viel Glück!“ riefen sie, als Petra losritt.

In ihrem Magen kribbelte es, als sie daran dachte, was bei so einem Wettkampf alles schiefgehen konnte. Riegel war jetzt besser in Form als vor einem Monat. Doch es war immer noch ein Unterschied zwischen Training und Turnier.

Im Salweidenstrauch hinter dem Stall saß ein Spatz und tschilpte. Petra sah hinüber. Wie schön waren die goldenen, wolligen Blütenstände der Salweide vor der roten Wand, die helle Sonne und der klarblaue Himmel!

Es war ein herrlicher Frühlingstag. Petra sah sich um, während Riegel mit weit ausholenden, geschmeidigen Schritten den Traktorweg zum Wald hinüberging. Die Wiesen waren noch immer winterbraun und trocken, doch an den Waldrändern leuchtete es weiß von Buschwindröschen, und die Birkenstämme glänzten silbrig.

An so einem Tag war es herrlich, einfach im Schritt durch den Wald zu reiten. Vergessen waren die vereisten Wege des Winters, die Kälteschmerzen in Fingern und Zehen. Petra genoß den Frühling und freute sich auf den Sommer. Krähen flatterten und krächzten zwischen den Bäumen, eine Kohlmeise ließ immer wieder ihren klaren, eindringlichen Triller hören, ein Buchfink zwitscherte, und in einer Tanne zankten sich ein paar Elstern. Jetzt waren auch die Leberblümchen aufgeblüht; tiefblau leuchteten sie zwischen dem dürren Laub des vergangenen Herbstes und sahen aus, als wären sie vom Himmel gefallen.

Petra ließ die Zügel sinken und hielt sie nur leicht mit einer Hand. Riegels langer, brauner Hals bewegte sich bei jedem Schritt. Petra war voller Glück über ihr Pferd und den strahlenden Frühlingstag. Zugleich erfüllte sie ein kribbelndes Gefühl, das Nervosität vor dem Wettkampf und Stolz darüber war, ein Pferd wie Riegel zu haben.

Diesmal sollte sie die leichte B-Klasse am Vormittag reiten und die leichte C-Klasse nach dem Mittagessen. Petra war froh darüber. Dann hatte sie selbst schon alles hinter sich, wenn es Zeit war, Astrid bei der Vorbereitung zur leichteren Klasse zu helfen.

In der Reitschule herrschte lebhafter Betrieb. Mick führte gerade seine schöne Fuchsstute aus dem Stall, und Petra ritt zu ihm hin.

„Hallo!“ rief er. „Hast du die Startliste schon gesehen? Du hast Startnummer drei.“

„Und du?“

„Nummer zwei."

„Schade!" sagte Petra. „Dann kann ich dich nicht reiten sehen. Und wer ist diesmal das Versuchskaninchen für den Schiedsrichter?"

„Rose-Marie startet als erste. Sie bewegt ihr Pferd schon!"

Die Reitbahn wartete – leer, frisch geharkt und mit ordentlichen Markierungen aus Sägespänen – darauf, daß der Wettkampf begann. Als Abreiteplatz war die große Wiese hinter dem Stall vorgesehen. Mick und Petra ritten hinüber. Petra sah auf die Uhr. Bis zum ersten Start war noch eine halbe Stunde Zeit. Vermutlich würde es noch fast eine Stunde dauern, bis sie selbst an den Start gehen mußte. Das war zu kurz, als daß es sich gelohnt hätte, Riegel noch in den Stall zu bringen. Statt dessen ließ sie ihn am langen Zügel über die Wiese gehen. Schon spitzten grüne Halme zwischen den trockenen Grasbüscheln des Vorjahres hervor, und Petra überlegte, daß sie Riegel nach dem Wettkampf ein wenig grasen lassen wollte.

Rose-Marie trabte mit verbissener Miene herum. Sie lag nach dem ersten Teilturnier an dritter Stelle, doch Ballade war nicht immer gleich gut in Form. Er war eigentlich ein gutes Pferd, aber man konnte sich nicht auf ihn verlassen – er hatte seine Launen. Natürlich lag das an Rose-Marie, das wußte Petra.

Sie ging das Dressurprogramm im Geist noch einmal durch und rief sich jede Einzelheit ins Gedächtnis. Es war gut und schön, wenn man sich alles genau zurechtgelegt hatte. Trotzdem konnte es passieren, daß alles total anders kam, wenn man auf die Bahn kam.

Langsam ließ sie Riegel antraben, sie spürte sofort, daß an seiner Zielstrebigkeit nichts auszusetzen war. Nun mußte sie nur dafür sorgen, daß seine Unternehmungslust in die richtigen Bahnen gelenkt wurde, ohne sie einzudämmen. Jetzt durfte sie nichts übereilen. Zuerst eine Acht, dann Schenkelweichen, geradeaus reiten...

Petra folgte den Ratschlägen, die Karin ihr in den Reitstunden gegeben hatte, und Riegel wurde zusehends entspannter. Als Rose-Marie und Ballade um die Stallecke verschwanden, um zum Startplatz zu reiten, hatte Petra ihr Pferd gut am Zügel. Sie ließ Riegel wieder im Schritt gehen und versuchte ein paar Paraden.

Mick und Saga kamen im Trab vorüber. In einiger Entfernung ritten die Zwillinge Verelius, die bis jetzt die ersten beiden Plätze im Wettbewerb belegten. Doch Petra hatte keine Zeit, den anderen zuzusehen. Jetzt ging es um sie und Riegel. Sie ließ ihr Pferd ein paar Wenden auf der Vorderhand vollführen. Zwischendurch gab sie auch andere Kommandos, um Riegels Aufmerksamkeit zu schärfen.

Dann ging sie zur Galopparbeit über. Plötzlich entdeckte sie, daß Mick verschwunden war. Dann war sie als nächste an der Reihe! Sie versuchte es mit Galoppfassen nach rechts und links und gab Riegel zwischendurch als Belohnung eine Karotte.

Jetzt kam das Anreiten zum Trab. Riegel fiel sofort in Galopp, doch dann schaffte er einen richtig guten Antritt. Petra zügelte ihn und sah auf die Uhr. Es beunruhigte sie, daß Riegel in Galopp gefallen war, aber jetzt hatte sie nicht mehr die Zeit, es noch einmal zu versuchen. Es war am besten, wenn sie zur Reitbahn hinüberritt, damit sie ihren Start nicht versäumte.

Mick und Saga waren noch mitten im Galopp-Programm, und Petra atmete auf. Wenigstens war sie nicht zu spät gekommen. Plötzlich wich Mick vom Dressurviereck ab und zeigte eine recht ordentliche Volte. Weiter war er also noch nicht gekommen? Petra ließ Riegel am langen Zügel auf dem Weg hin und her gehen und wünschte, sie hätte sich mehr Zeit gelassen, noch einmal das Anreiten zum Trab zu üben, ehe sie die Wiese verlassen hatte.

Sie sah zu Mick hinüber und fand, daß er seine Sache wirklich gut machte. Nicht nur sie und Riegel hatten sich also nach dem letzten Teilwettbewerb verbessert. Wie hatte es Mick nur angestellt, daß sein nervöses Pferd so ruhig und besonnen war? Er konnte eben einfach mit Pferden umgehen, das war's, dachte Petra neidlos.

Dann kam sie selbst an die Reihe. Sie versuchte die Lippen anzufeuchten. Ihr Mund war schrecklich trocken, als sie auf die Bahn ritt. Der Wagen des Schiedsrichters war an der hinteren Bahnseite geparkt, und die Zuschauerbänke dahinter waren nicht einmal zur Hälfte besetzt.

Petra verkürzte die Zügel ein wenig und trieb Riegel zum Trab an. Noch hatte sie das Startsignal nicht bekommen. Sie ließ Riegel eine große Volte am unteren Ende der Bahn ausführen, hielt die Zügel mit weichem, aber festem Griff und trieb ihr Pferd energisch durch Schenkeldruck vorwärts. Riegel mußte begreifen, daß es jetzt ums Ganze ging!

Nun erklang das Signal vom Schiedsrichterwagen her. Lieber, guter Riegel, bitte mach mir jetzt keine Schande!

4 9732-8

dachte Petra. Sie zwang sich, noch eine Volte zu reiten, ehe sie dem Signal folgte und auf die Mittellinie ritt.

Ihre Gedanken waren vollkommen darauf konzentriert, dem unsichtbaren Weg zu folgen, der für das Dressurprogramm vorgesehen war. Diese Konzentration wurde eins mit ihrem Körper und mit dem Pferd, das in diesen Minuten fast ein Teil von ihr war. Alles Belanglose war wie weggeblasen, und Petra nahm nichts anderes wahr als die Bewegung, die sie und ihr Pferd gerade vollführten, und die Figur, die als nächstes an der Reihe war.

Erstes Galoppfassen... Riegel ritt gehorsam auf die Diagonale, ließ sich dann zügeln und ging weich mit der Bewegung mit. Gut! dachte Petra. Plötzlich merkte sie, daß ihr die Vorführung großen Spaß machte. Im kurzen Galopp passierte sie die Ecke und trieb Riegel auf der Diagonale wieder an. Ja, so ist es gut! dachte sie bei jedem Galoppsprung. Wir schaffen es! Bald sind wir durch! Doch natürlich durften sie jetzt am Ende nicht nachlassen.

In der Ecke verlangsamte sie das Tempo. Riegel ritt in weichem Trab die Kurve aus und vollführte das letzte Galoppfassen ebenso genau und geschmeidig wie die vorhergehenden Übungen; dabei kaute er leicht auf dem Gebiß. Petra trieb ihn unmerklich bei jedem Sprung mit Sitz und Waden an, doch ihre Hände blieben oberhalb des Mähnenkammes.

Dann war sie zum letztenmal auf der Mittellinie, heftete den Blick auf einen Punkt über dem Schiedsrichterwagen, wo die Zuschauerbänke waren, und galoppierte kerzengerade in den abschließenden Halt.

Sie wartete, bis alle vier Hufe ihres Pferdes unter ihr zur

Ruhe kamen, vergewisserte sich, daß Riegel einigermaßen gerade und entschlossen stand, ließ die rechte Hand sinken und beugte den Kopf zum Gruß. Vereinzeltes, aber herzliches Beifallklatschen erklang von den Zuschauerbänken, und der Schiedsrichter kam aus seinem Wagen.

„Ja, danke. Und jetzt das Springen!“ sagte er und ging auf die Bahn hinaus, um besser sehen zu können.

Ein Funktionär zog ein paar Stangen zur Seite, um Petra durchzulassen. Zwei Hindernisse standen außerhalb der Reitbahn, zwischen der Längsseite und dem Hügel, der zum Wald hinaufführte. Petra verkürzte die Steigbügel um zwei Löcher.

„Braver Junge!“ murmelte sie lobend.

Plötzlich und unerwartet wurde ihr klar, daß dies die beste Dressurvorführung war, die sie je gezeigt hatte. Sie hatte schon an einigen Wettkämpfen teilgenommen, doch nun begriff sie, daß sie sich bisher meist irgendwie durchs Programm gestümpert hatte. Erst heute war sie Turnierreiterin geworden!

Sie ritten die Ecke des Zaunes aus; dann verkürzte Petra die Zügel und hob sich in den Steigbügeln. Riegel galoppierte willig auf die Hindernisse zu und setzte ohne die geringste Schwierigkeit darüber weg. Petra verlangsamte das Tempo, streichelte den braunen Hals des Pferdes und spähte zum Schiedsrichter hinüber. Doch er war schon wieder auf dem Weg zum Wagen.

Alle sind seit dem letzten Turnier besser geworden, dachte Petra, als sie hinter dem Stall stand und Riegel grasen ließ. Sie war abgestiegen, hatte den Sattelgurt gelockert und den Nasenriemen gelöst.

Doch obwohl auch die anderen sich verbessert hatten, würde sie jetzt bestimmt ein paar Punkte in der Ergebnisliste nach oben rücken. Zumindest hoffte sie das. Liebevoll sah sie auf ihr großes, hellbraunes Pferd, das an den Grashalmen zupfte und den Wettkampf so gut hinter sich gebracht hatte.

Wie schön Riegel war! Sein Hals war lang und gebogen und bekam langsam Muskeln an den richtigen Stellen, die Beine waren trocken und stark, das Fell glänzte in der Sonne. Und gerade erst hatte er auf dem Dressurviereck sein Bestes gegeben. Nein, Petra mußte nicht auf die Ergebnisliste sehen, um zufrieden zu sein.

In einiger Entfernung sah sie ein paar andere Teilnehmer, die mit ihren Pferden zur Bahn ritten. Sie waren noch voller Anspannung und Nervosität, während Petra froh und erleichtert war und bereits alles hinter sich hatte.

Plötzlich stand Mick neben ihr. „Gratuliere, Petra! Ihr wart prima!"

„Riegel hat seine Sache ganz ordentlich gemacht, nicht?" fragte sie vorsichtig.

„Ordentlich? Er war nie besser als heute!"

Wie schön, daß Mick das sagte! Dann hatte sie sich also nicht getäuscht!

„Und du hast ihn nie besser geritten", fügte er hinzu und sah ihr in die Augen.

Petra wurde verlegen.

„Saga war auch wunderbar, soweit ich zugesehen habe", sagte sie.

„Wollen wir uns den Rest noch ansehen?" schlug Mick vor.

„Ja, gern. Komm jetzt, Riegel!“

Sie führte ihr Pferd in die Box neben Saga und gab ihm den Hafer, den sie für ihn mitgebracht hatte. Dann ging sie zusammen mit Mick zu den Zuschauertribünen. Agneta Verelius und ihre Vollblutstute Fleur beendeten gerade das Dressurprogramm. Agneta und ihre Zwillingsschwester Charlotte waren die einzigen Jugendlichen im Club, die schon Turniererfahrung gehabt hatten, als die Reitschule vor Jahren gegründet wurde. Ihre Eltern hatten einen eigenen Pferdetransporter, so daß sie auch leicht zu anderen Wettkämpfen fahren konnten.

Agneta hatte wie immer vollständige Kontrolle über ihr Pferd, doch Petra fand plötzlich, daß sie den eleganten Fuchs zu hart am Zügel nahm. Das Pferd sah angespannt aus.

„Riegel hat einen besseren Gang“, murmelte Mick neben ihr.

Petra nickte und klatschte mit den anderen Beifall. Während sie Agneta zum ersten Hindernis reiten sah, dachte sie, daß ja nicht nur der heutige Wettkampf zählte. Man konnte über die Schwestern Verelius sagen, was man wollte, aber sie ernteten immer eine Menge Punkte dafür, daß sie mit größter Genauigkeit ritten. Im Grunde waren sie keine überragenden Reiterinnen, doch im Club waren sie den anderen stets überlegen gewesen.

Agneta und Fleur nahmen das Hindernis mit Leichtigkeit, und schon wartete der nächste Reiter darauf, an den Start zu gehen. Mick und Petra sahen einige mittelmäßige Vorführungen auf Reitschulpferden; und schließlich war Anna-Lena mit dem großen Wallach Rex an der Reihe, der

der Reitlehrerin gehörte. Wenn Karin das Pferd selbst geritten hätte, wäre dies sicher die beste Dressurvorführung des Tages gewesen, überlegte Petra. Doch Anna-Lena schaffte es nicht recht, Rex zu meistern, und so wurde es ein ganz passabler, aber nicht gerade glänzender Ritt.

Anna-Lena war die letzte Reiterin in dieser Klasse. Jetzt begann das aufreibende Warten auf die Ergebnisse. Reiter und Zuschauer blieben in der Nähe des Schiedsrichterwagens. Der Schiedsrichter und seine Helfer rechneten die Punkte zusammen.

Petra wurde plötzlich wieder unsicher. Bisher hatte sie sich in einem Turnier nie unter den Ersten plazieren können, und auch jetzt wagte sie sich keine Hoffnungen zu machen. Riegel und sie hatten das Beste gegeben, und damit war sie zufrieden – auch wenn sie es nicht geschafft hatten, andere zu übertreffen. Sie sah zum Schiedsrichterwagen hinüber. Im gleichen Augenblick hob Monika, die Assistentin, den Blick von ihren Unterlagen, und ihre und Petras Augen trafen sich. Sie lächelte aufmunternd und machte ein rasches Zeichen mit der Hand. Dann habe ich doch gut abgeschnitten, dachte Petra hoffnungsvoll.

Endlich öffnete sich die Wagentür, und die Wartenden rückten näher. Monika begann die Kritikbögen an die Reiter zu verteilen. Karin bekam eine handgeschriebene Ergebnisliste. Aufgeregt nahm Petra ihren Bogen entgegen. Ihr Blick wanderte nach unten zur Summe der Punkte.

„Einhundertfünfundneunzig!“ stieß sie hervor, als könnte sie ihren Augen nicht trauen.

„Darf ich mal sehen?“ fragte Mick, der neben ihr stand. „Siehst du, ich hab’s dir ja gesagt! Toll!“

„Ja, hier haben wir also die heutigen Ergebnisse!“ rief Karin laut.

Alle verstummten und lauschten.

„Erste ist Petra Granberg auf Riegel. Zweite Agneta Verelius auf Fleur; Dritte Charlotte Verelius auf Karamel; Vierter Mick Eich auf Saga; Fünfte Anna-Lena Hjelm auf Rex; Sechste Rose-Marie Sjögren auf Ballade; Siebte Anki Roth auf Polly.“

Petra war stumm vor Überraschung. Sie und Riegel hatten am besten von allen abgeschnitten! Sie konnte es nicht glauben!

„Und die Plazierung im Serienwettkampf sieht nun nach zwei Runden folgendermaßen aus“, fuhr Karin fort: „Charlotte Verelius, Agneta Verelius, Petra Granberg, Mick Eich...“

Petra war auf den dritten Platz vorgerückt, und Mick belegte weiter den vierten. Nun wünschte sich Petra nur noch, daß Astrid nachmittags gut abschnitt, dann wäre ihr Glück vollkommen.

Einige Zeit später ritt sie langsam durch den Wald nach Hause. Die Glückwünsche ihrer Freunde klangen ihr noch in den Ohren. Dankbar streichelte sie den Hals ihres Pferdes.

Die Vögel sangen, die Leberblümchen leuchteten so blau wie am Morgen. Plötzlich bemerkte Petra einen Buchfink, der auf einem Haselnußzweig saß und sang, so nah, daß sie deutlich die weißen Federn auf den Flügeln sah, den graublauen Kopf und die rostrote kleine Kehle, die bei jedem Ton bebte. Der kleine Vogel ließ sich nicht stören, sondern sang weiter, während Petra und Riegel vorüberritten.

„In einem Monat geht's ums Bronzeabzeichen, Riegel!" sagte Petra. „Und jetzt glaub' ich auch, daß wir es schaffen! Wir mögen uns eben und vertrauen einander! Das ist das wichtigste."

„Hast du Angst vor Saga?"

„Jetzt ist Astrid an der Reihe!" rief Lena von der Stallgasse her.

„Ich komme!" erwiderte Hilkka atemlos.

Sie warf einen letzten Blick auf das Hengstfohlen und lief dann hinter Lena her. Sturmvogel gewöhnte sich langsam daran, für kurze Zeit allein in der Box zu sein. Ein bißchen unruhig war er noch immer, aber es war nicht mehr unbedingt nötig, auf ihn aufzupassen.

Lena und Hilkka rannten zu den Zuschauerbänken, während Petra Astrids akustische Leitsterne in den Ecken der Reitbahn aufhängte. Sie gaben ein gleichmäßig knatterndes Geräusch von sich, das Astrid half, sich zurechtzufinden und in der Reitbahn zu orientieren. Außerdem stand Petra am Zaun und rief die Buchstabenmarkierungen des Dressurvierecks aus, an denen Astrid vorüberritt.

Lena und Hilkka hielten fest die Daumen, als Astrid auf die Mittellinie ritt. Svalas Fell glänzte kohlschwarz in der

Sonne. Hilkka fand wieder einmal, daß das schwarze Pony das schönste von allen war. Ihrer Ansicht nach ritt Astrid gut, und als die Vorführung zu Ende war, klatschte sie Beifall, so laut sie nur konnte.

Auch in dieser Klasse war Springen Pflicht, aber nur über ein Hindernis. Petra und Lena stellten sich rechts und links vom Hindernis auf und riefen: „Hier!" – „Hier!" Astrid ließ ihr Pony im Galopp auf ein Hindernis zulaufen, das sie nicht sehen konnte. Wie findet sie bloß den Mut dazu? fragte sich Hilkka und drückte weiter die Daumen. Astrid hörte natürlich von Lena und Petra, wo das Hindernis war, aber sie sah es doch nicht!

Svala sprang geschmeidig über den rotweißen Balken hinweg. Astrid zügelte sie und streichelte ihren Hals. Hilkka hätte gern auch die nächste Reiterin gesehen, aber noch lieber wollte sie bei Svala helfen. Also ging sie mit zum Stall.

Hilkka verstand nicht viel von Dressur. Springen war leichter zu begreifen. Das hatte sie schon oft im Fernsehen gesehen, und sie stellte sich dann immer vor, daß sie selbst auf dem Pferd saß und im hellen Licht über ein Hindernis nach dem anderen sprang.

Astrid streichelte und lobte ihr Pony, während sie es absattelte. Offensichtlich war sie zufrieden, dachte Hilkka. Die Kleine hoffte, daß Astrid und Svala in der leichten C-Klasse als Beste abschneiden würden, genau wie Petra und Riegel in der leichten B-Klasse. Schade, daß sie nicht hiergewesen war, um Petra reiten zu sehen! Sie hatte schon morgens zum Stall fahren wollen, aber ihre Mutter hatte andere Pläne gehabt.

„Eine von euch muß zu Hause bleiben und auf Jarmo aufpassen, während ich einkaufe", hatte sie gesagt.

„Ich kann nicht!" hatte Sirkka sofort erwidert. „Ich muß Fleur vor dem Wettkampf striegeln. Aber das Pony, das Hilkka versorgt, tritt ja erst nachmittags an."

Also war Hilkka erst nach dem Mittagessen in den Stall gekommen. Doch sie freute sich sehr, als sie erfuhr, daß Petra und Riegel Agnetas Fleur geschlagen hatten.

Dann wurden die Ergebnislisten verteilt. Lena teilte sich mit einem anderen Mädchen den vierten Platz, doch Astrid war nicht unter den ersten. Trotzdem bekam sie eine bessere Punktewertung als beim letztenmal und hatte einige Mitteilnehmer im Serienturnier überholt.

Zusammen mit Mick und Petra gingen die Schwestern hinauf in Micks Zimmer, um die Kritikzettel durchzusehen. Hilkka folgte ihnen.

„Anreiten, Halt und Gruß fünf Punkte", las Petra laut aus Astrids Schiedsrichterbewertung vor. „Gerade auf der Mittellinie, aber ein etwas früher Halt."

„Du hast ein bißchen zu früh angehalten", bemerkte Mick.

„Aber Svala hat richtig auf allen vier Hufen gestanden", erinnerte sich Petra. „Obwohl du dich mit dem Grüßen nicht so hättest beeilen müssen. Denk beim nächstenmal daran, daß du einen Augenblick lang ganz ruhig im Sattel sitzen mußt, nachdem das Pferd steht, ehe du grüßt."

Hilkka saß mäuschenstill da und hörte zu. Sie hatte keine Ahnung gehabt, daß beim Dressurreiten alles so genau zuging. Die anderen unterhielten sich über Einzelheiten, die sie gar nicht bemerkt hatte, und manchmal fiel es ihr richtig schwer, zu verstehen, wovon sie überhaupt redeten.

Schließlich waren sie Astrids und Lenas Dressurvorführungen genau durchgegangen, und Hilkka versetzte Lena einen leichten Stoß in die Seite.

„Ach so, wir wollten ja noch wegen der Sommerferien mit euch reden", sagte Lena. „Wir haben uns das überlegt..."

„Stimmt", warf Astrid ein. „Wenn Lena darf, würde sie gern bei euch auf dem Granberghof wohnen, während wir in England sind. Dann würde sie die Pferde versorgen, und Hilkka könnte täglich hinfahren und ihr soviel wie möglich helfen. Was meinst du dazu, Petra?"

„Wir könnten ja auch bei der Heuernte helfen", fügte Lena eifrig hinzu.

Petra strahlte. „Mann, das ist eine tolle Idee!" rief sie. „Ich dachte, ihr wohnt zu weit weg, um die Pferde auf unserem Hof versorgen zu können. Aber wenn eine von euch bei uns wohnt, müßte es gehen! Ich muß meine Eltern fragen. Was sagen denn übrigens eure Eltern dazu?"

Astrid verzog den Mund. „Sie meinen, daß es mit so vielen Pferden für sie zu anstrengend wird. Aber sie können schließlich nicht behaupten, daß Lena nicht wüßte, worauf sie sich da einläßt."

„Die Pferde werden die meiste Zeit auf der Koppel sein", warf Mick ein. „Dann wird es bestimmt nicht so anstrengend."

„Ach, im Sommer ist das doch keine Kunst, wenn man nicht in die Schule muß", sagte Lena selbstsicher. „Ich glaube jedenfalls, daß es prima gehen wird."

„Wenn nur deine Eltern das auch glauben. Aber vielleicht meinen sie, daß es ihnen zuviel Arbeit macht, Petra“, sagte Astrid besorgt.

„Das glaube ich nicht“, erwiderte Petra. „Ich werde mit ihnen reden. Es wäre wunderbar, wenn wir das Problem um die Versorgung der Pferde auf diese Art lösen könnten!“

„Ja“, meinte auch Mick. „Dann könnten wir die Reise endlich vorbereiten. Ich hab' jetzt auf alle meine Anfragen Antwort bekommen. Wir sollten uns so bald wie möglich zusammensetzen. Es gibt eine Menge Dinge, über die wir reden müssen, und so schrecklich viel Zeit haben wir auch nicht mehr.“

„Könnten wir uns nicht gleich morgen treffen?“ schlug Petra vor.

In diesem Augenblick erklang von unten ein Klopfen. Lena hob die Bodenluke hoch.

„Seid ihr da oben?“ hörten sie Frau Olsson rufen. „Ich glaube, wir sollten jetzt nach Hause fahren!“

„Wir kommen schon!“ rief Astrid zurück. „Wenn du mitfahren willst, Hilkka, kannst du dein Fahrrad bei uns im Kofferraum verstauen.“

Hilkka nickte erfreut. Sie stiegen die Leiter hinunter und zwängten sich in den Volvo. „Fein, daß heute alles so gut geklappt hat“, sagte Astrids und Lenas Mutter, während sie das Auto aus dem Parkplatz fuhr.

„Ja, es ist gut gelaufen“, sagte Astrid froh. Sie hatte sich und anderen bewiesen, daß sie es wagte, an einem Wettkampf teilzunehmen, ohne dabei den Kopf zu verlieren. Wie schön, ein Pony wie Svala zu haben! Auf sie konnte sie sich verlassen, und die Angst, die sie auf Sagas breitem Rücken gehabt hatte, konnte sie nun vergessen. Die Erinnerung nagte noch immer an Astrids Selbstbewußtsein. Sie versuchte sich einzureden, daß keiner sie für feige hielt und von ihr erwartete, daß sie alles meistern konnte, was Sehende schafften. Doch sie konnte sich auch nicht selbst belügen. Sie hatte gelernt, sich selbst zu fordern und sich durch alle Schwierigkeiten im Leben zu kämpfen. Sie hatte begriffen, daß sie sich nicht von den Erwartungen und Vorurteilen anderer beeinflussen lassen durfte. Das war wichtig gewesen, damit sie lernte, mit ihrer Behinderung so fertig zu werden, wie sie das jetzt konnte. Doch bei Saga hatte sie aufgegeben, anstatt zu kämpfen. Dabei konnte sie gar nicht mit Überzeugung sagen, daß Saga für sie zu schwer zu reiten war, denn sie hatte es gar nicht mit aller Kraft versucht.

Aber es war nicht schlimm. Viele Leute trauen sich überhaupt nicht zu reiten. Warum sollte dann ausgerechnet sie so schrecklich mutig und tüchtig sein? Sie mußte ja nicht auf anderen Pferden reiten. Es genügte, daß sie auf Svala reiten konnte!

Riegel und Fuchsa kauten an ihrem Abendhafer, daß es in dem kleinen Stall nur so knirschte. Fuchsa stand in Riegels Box und Riegel in Fuchsas Pferdestand. Wenn Fuchsas Fohlen zur Welt kam, mußte es die größere Box haben. Deshalb versuchte Petra den Wallach daran zu gewöhnen, daß er angebunden im Stall stand, und bis jetzt hatte das auch geklappt. Sie hatte ihn immer wieder für kurze Zeit im Pferdestand alleingelassen, sich aber noch nicht getraut, ihn auch in der Nacht dort unterzubringen.

Heute nacht lasse ich Riegel hier stehen, dachte sie. Es ist Zeit, daß Fuchsa in der Box bleibt, sonst kann es passieren, daß das Fohlen im Pferdestand geboren wird, wenn es zu früh kommt.

Sie warf Riegel einen letzten liebevoll-besorgten Blick zu und verließ den Stall. Über dem dunklen Dachfirst war der Abendhimmel frühlingshaft hell. Vom Kuhstall her hörte Petra ihren Vater in der Milchkammer mit den Eimern klappern.

Petra blieb auf dem Hofplatz stehen und atmete die würzige Abendluft in tiefen Zügen ein. Ihr Vater war mit seinem Hof verbunden; zugleich aber war er auch hier „angebunden“ durch die Versorgung der Tiere, das Melken und Füttern am Morgen und am Abend. Er schien zwar ganz zufrieden mit seinem Leben zu sein, aber war er das immer gewesen? Hatte er nie reisen und die Welt sehen wollen? Und wovon hatte ihre Mutter geträumt, als sie siebzehn oder achtzehn war? Konnten die beiden sich vorstellen, wie sehr sie, Petra, sich diese Reise nach England wünschte?

Der Vater hatte jetzt seine Arbeit in der Milchkammer beendet und kam auf den Hofplatz heraus.

„Ach, unsere Dressurreiterin steht hier und träumt?“ Er lachte.

Gemeinsam, gingen sie zum Abendessen hinein. Petra dachte, daß es am besten war, die Sache mit Lena und Hilkka gleich zu klären, als sie sich an den Tisch setzten.

„Was würdet ihr sagen, wenn Lena im Sommer hier wohnen und die Pferde versorgen würde, während ich fort bin?“ fragte sie zögernd.

„Ist sie dafür nicht noch ein bißchen zu jung?“ fragte ihre Mutter überrascht.

„Sie hat natürlich letzten Sommer kräftig mitgeholfen“, gab Vater Granberg zu. „Aber wenn du ehrlich bist, Petra – glaubst du wirklich, daß sie das schafft?“

„Ich glaube schon. Die kleine Hilkka will auch täglich herkommen und mithelfen, dann sind sie zu zweit. Natürlich müßtet ihr ein bißchen auf die beiden achtgeben, damit sie nichts falsch machen. Würdet ihr das tun?“

„Mama und ich haben viel über deine Reise nachgedacht“, sagte der Vater nachdenklich.

Petra wartete gespannt.

„Wir fänden es schade, wenn du nicht fahren könntest, nachdem es dir offenbar so viel bedeutet“, fuhr er fort. „Wenn wir eine Lösung finden, daß hier mit den Tieren alles klappt, kannst du fahren. Hilkka und Lena sind natürlich kein Ersatz für dich, aber wenn sie sich um die Pferde kümmern, werden wir schon zurechtkommen.“

„Glaubt ihr das wirklich?“ stieß Petra glücklich hervor.

„Ja, es müßte gehen“, bestätigte die Mutter. „Lena ist zuverlässig und sorgt gut für die Pferde, das weiß ich. Und wenn Hilkka ihr ähnlich ist, sind die Stuten und ihre Fohlen bestimmt gut versorgt.“

Es war am folgenden Abend. Lena öffnete Svalas Boxtür ein Stück, schob die Schubkarre dazwischen und begann auszumisten. Astrid, die den Pferdemist nicht sehen und ihn deshalb auch nicht richtig wegräumen konnte, striegelte Svala.

Plötzlich spürte sie, daß das Fohlen an ihrem Bein schnupperte und dann anfing, den Kopf an ihr zu reiben. Ihr wurde warm ums Herz vor Freude über das schöne, gesunde Fohlen. Ehe Sturmvogel geboren wurde, hatte sie sich große Sorgen um Svala gemacht, die eine schwere Geburt haben würde, aber jetzt war sie glücklich und dankbar, daß alles so gut gegangen war.

„Wollt ihr reiten?“ fragte Mick von der Stallgasse her.

„Ja – das heißt, heute reitet Lena“, erwiderte Astrid. „Jetzt ist sie mal an der Reihe.“

„Dann könntest du doch zu mir heraufkommen. Die anderen tauchen auch bald auf“, schlug Mick vor.

Astrid wartete, bis Lena die schwarze Ponystute zur Stalltür führte. Dann kletterte sie mit einem Korb am Arm zu Micks Dachkammer hinauf.

„Mama hat uns einen Hefezopf und Saft mitgegeben“, sagte sie und stellte den Korb neben der Bodenluke ab.

„Mann, das ist aber nett von ihr!“ erwiderte Mick anerkennend.

„Wir können ja schon alles vorbereiten, bis die anderen kommen“, sagte Astrid und griff in den Korb.

Der Hefezopf, den sie herausholte, war zwar nicht hausgemacht, sah aber trotzdem verlockend aus. Astrids Mutter hatte mit ihrer Familie und ihrer Arbeit als Lehrerin vollauf zu tun; sie kam nur selten dazu, selbst zu backen.

Mick stellte seine bunt zusammengewürfelten Tassen, Kuchenteller und Gläser auf den Tisch.

„Ich fände es gut, wenn du beim letzten Serienwettbewerb auf Saga reiten würdest“, sagte er plötzlich.

„Aber ich...", begann Astrid überrascht.
„Deinetwegen!" fügte Mick hinzu.
„Aber ich reite so gern auf Svala. Ich komme gut mit ihr zurecht, und siegen muß ich wirklich nicht... Es macht mir trotzdem Spaß."
„Hast du Angst vor Saga?"
Astrid schwieg. Jetzt wußte sie, warum Mick sie gebeten hatte heraufzukommen. Er hatte allein mit ihr reden wollen.
„Du bist doch schon früher auf ihr geritten", fuhr er fort.
Ja, aber mit dem Herzen in der Hosentasche, dachte Astrid.
„Ich möchte jetzt aber lieber auf Svala reiten", sagte sie kurz.
„Willst du Svala denn auch mit nach England nehmen?"
„Ach, ich weiß natürlich, daß das nicht geht, aber in solchen Reitlagern und Reitschulen muß es doch auch Pferde geben, die leicht zu reiten sind."
Sie hatte wirklich schon mit einem gewissen Schauder daran gedacht, daß sie auf völlig unbekannten Pferden weit entfernt von zu Hause reiten sollte. Bis jetzt hatte sie sich auf keinem anderen Pferd als Svala richtig sicher und frei von Angst gefühlt.
„Falls du bis zu unserer Reise immer nur auf Svala reitest, wirst du dich wahrscheinlich sehr unsicher fühlen, wenn wir losfahren. Doch wenn du Saga reitest und beim Wettkampf mit ihr antrittst, wirst du besser auf die Englandreise vorbereitet sein. Es wird dir dann auch mehr Spaß machen, glaube ich."
„Ich komme nicht mit ihr klar! Sie war so unruhig beim

5 9732-8

letzten Wettkampf! Und das war meine Schuld!" Astrid schluckte.

„Aber jetzt ist es einfacher mit ihr", versicherte Mick. „Sie ist ruhiger geworden und leichter zu reiten. Ich habe wirklich mit ihr gearbeitet, das kannst du mir glauben. Ich weiß, daß sie beim letzten Turnier Schwierigkeiten gemacht hat, aber wirklich passiert ist doch nichts!"

„Außer, daß ich mich total blamiert habe."

„Das ist doch wohl nicht schlimm, oder? Du weißt doch, wie wir über Turniere denken. Nicht die Siege sind wichtig, sondern dabeizusein!"

Für Mick war das leicht zu sagen, dachte Astrid. Er war eben ein großartiger Reiter.

„Du weißt nicht, wie das ist, wenn man sich vor anderen blamiert", sagte sie und wickelte eine Haarsträhne um den Zeigefinger.

„Doch, das weiß ich genau", behauptete Mick. „Und ich finde, du solltest es noch einmal mit Saga versuchen. Wenigstens solltest du mit ihr trainieren. Du brauchst ja nicht noch einmal mit ihr beim Wettkampf anzutreten, wenn du nicht magst. Aber wenn du dich überhaupt nicht traust, sie zu reiten, wie willst du dann den Mut haben, in England fremde Pferde zu reiten?"

Das stimmte. Astrid dachte daran, welche Angst sie oft ausgestanden hatte, wenn sie mit Saga trainierte. Doch dann erinnerte sie sich auch an die Freude über Fortschritte, darüber, etwas Neues bewältigt zu haben. Sie erinnerte sich an ihren Stolz, ein Pferd reiten zu können, das nicht jeden auf seinen Rücken ließ. Aber trotzdem... Wußte Mick eigentlich, was er von ihr verlangte?

Sekundenlang war es still in der kleinen Dachkammer. Dann begann Mick wieder zu reden.

„Weißt du eigentlich, weshalb ich ein Jahr mit der Schule ausgesetzt habe?" fragte er.

Gerade war seine Stimme noch voller Eifer gewesen, als er sie zu überreden versuchte; jetzt hatte sie plötzlich einen fast unpersönlichen Ton.

„Um mit Pferden zu arbeiten, nehme ich an", sagte Astrid zögernd, verwirrt darüber, daß er plötzlich das Thema wechselte.

„O nein, es war genau umgekehrt. Ich hab' den Job als Pferdepfleger angenommen, um während dieses Jahres eine richtige Beschäftigung zu haben."

„Ehrlich?" Astrid verstand nicht, worauf Mick hinauswollte oder was das alles mit Saga zu tun hatte. Doch wenn er die Idee aufgegeben hatte, sie wieder auf den Rücken seiner nervösen Stute zu bringen, sollte er gern sagen, was er wollte.

„Hier ist niemand außer Petra, der weiß, warum ich letztes Jahr von der Schule abgegangen bin", fuhr Mick fort. „Um die lange Geschichte kurz zu machen: In meiner alten Schule gab's solche Schwierigkeiten, daß ich dort nicht mehr klargekommen bin. Ich mußte all die Büffelei und die Schularbeiten für längere Zeit los sein, sonst hätte ich durchgedreht. Und meinen Vater traf fast der Schlag. Zuerst darüber, daß ich die Schule nicht schaffte, und dann, weil ich mir statt dessen einen Job mit Pferden suchte."

Astrid traute ihren Ohren nicht. Sie begriff nicht, wie Mick, der so klug war, in der Schule so große Probleme haben konnte, daß er abgehen mußte.

„Jetzt begreifst du vielleicht, daß ich eine Ahnung habe, wie es ist, wenn einem etwas mißlingt", fuhr er fort. „Es war ein großer Entschluß für mich!"

„Na ja", sagte Astrid leise. „Es war dumm von mir, einfach zu glauben, daß du mich nicht verstehst. Aber wenn ich ehrlich sein soll, dann hab' ich ganz einfach Angst, Saga zu reiten. Das weißt du auch!"

„Aber wenn ich sie am Ausbindezügel hätte, bis du dich sicher fühlst? Sollen wir's Samstag vormittag mal versuchen? Du kannst ja jederzeit wieder aufhören, wenn du willst."

„Bestimmt?"

„Klar! Keiner zwingt dich zu etwas, was du nicht willst."

„Also gut", sagte Astrid rasch, weil sie fürchtete, sie könnte es sich doch noch anders überlegen. „Machen wir einen Versuch."

„Abgemacht."

Einer springt ab

Währenddessen ritt Lena draußen bei der Reitstunde mit. Es machte Spaß, auf Svala zu reiten. Das schwarze Pony war zwar noch nicht wieder so fit wie früher, denn sie hatte nach dem Abfohlen noch nicht wieder ihre frühere Kondition erreicht. Das würde aber wieder anders werden. Das wichtigste war, daß Svala das gleiche liebe, muntere und gesunde Pony geblieben war.

Eigentlich hatte Lena die Pflege des Reitschulponys Jeppe übernommen. Das bedeutete, daß sie und Astrid je ein eigenes Pferd zu versorgen hatten, wenn sie im Stall waren. Und da ihre Mutter sie herbrachte, waren sie fast immer zur gleichen Zeit hier. Deshalb hatte Astrid auch jemanden gebraucht, der an den Tagen aushalf, an denen sie und Lena nicht kommen konnten. Doch Lena fand es langsam ein bißchen albern, daß sie ein Reitschulpony versorgte, nachdem ihre Schwester jetzt zwei eigene Ponys hatte.

Natürlich mochte sie den braunscheckigen Jeppe sehr. Er war so liebenswert mit seiner strubbeligen Stirnlocke über dem breiten, ein wenig stumpfen Kopf. Auf der Reitbahn war er ziemlich faul, um so munterer jedoch bei Ausritten in den Wald. Und obwohl er selten zur Begrüßung wieherte, war Lena sicher, daß er sie inzwischen genau kannte und ihr vertraute. Doch so lieb wie Svala hatte sie ihn nicht; er würde auch kaum ein so gutes Reitpony werden wie sie. Aber am goldigsten von allen Ponys war natürlich Sturmvogel! Er war hinreißend.

„Reitet im kurzen Rechtsgalopp heran!" kommandierte Karin.

Svala galoppierte gehorsam los. Ihre schwarze Mähne flatterte bei jedem Galoppsprung. Lena war selig. Pferde und Reiten waren für sie das Schönste, was es gab, und sie freute sich darauf, im Sommer eine richtige kleine Herde zu versorgen. Zum Glück wollte auch Hilkka mitmachen; sie hatte also eine Freundin, mit der sie zusammensein konnte. Sie war sicher, daß es ein wunderschöner Sommer werden würde.

Sie ritt die Schmalseite der Bahn aus und galoppierte an der Längsseite in Richtung Stall weiter. Da sah sie Petra, ausnahmsweise einmal zu Fuß, durch die Stalltür verschwinden.

Petra blieb einen Augenblick bei Svalas Box stehen und streichelte Sturmvogel, ehe sie zu Mick und Astrid in die Dachkammer hinaufstieg.

„Hallo!“ rief sie. „Was brütet ihr beiden denn aus?“

„Das möchtest du wohl gerne wissen, was?“ zog Mick sie auf.

„Ich werde am Samstag wieder auf Saga reiten“, verkündete Astrid. „Zumindest will ich's versuchen.“

„Oh, das ist ja prima!“ rief Petra überrascht. „Ich bin froh, daß du dich dazu entschlossen hast. Es wird bestimmt gutgehen. Ich hab' auch zwei gute Neuigkeiten. Riegel hat die ganze Nacht im Pferdestand verbracht, und es ist nichts passiert. Er war ganz brav!“

„Hast du denn etwas anderes erwartet?“ fragte Mick.

„Na ja, vielleicht nicht, aber man neigt ja immer ein bißchen dazu, sein eigenes Pferd zu verzärteln und überängstlich zu sein.“

„Und die zweite Neuigkeit?“ fragte Astrid.

„Lena darf in den Sommerferien zu uns auf den Hof kommen, und ich bekomme mein Taschengeld für den Herbst als Vorschuß für die Reise.“

„Du, das ist ja toll! Da freue ich mich aber!“ rief Astrid. „Die Reise hätte mir keinen Spaß gemacht, wenn du nicht mitgekommen wärst!“

Jemand klopfte von unten gegen die Bodenluke. Rose-Marie und Arne kamen heraufgestiegen. Mick suchte ein paar Briefe hervor, und alle fünf versammelten sich um den Tisch, während Petra den Saft, den Astrid mitgebracht hatte, in die Tassen und Gläser goß.

„Ich hab' mich nach den Fahrkarten und den Abfahrtszeiten der Fähren erkundigt", sagte Rose-Marie und zog einen zerknitterten Zettel aus der Tasche.

„Und ich habe ausgerechnet, was der Ferienaufenthalt bei den verschiedenen Reitschulen kostet, umgerechnet in schwedische Währung." Mick legte eine handgeschriebene Liste auf den Tisch. Mit dem Zeigefinger deutete er auf die oberste Zeile.

„Das ist eine Reitschule, die auf Behinderte spezialisiert ist. Aber nach dem Prospekt zu urteilen ist das hauptsächlich etwas für Anfänger. Keiner von uns ist ja mehr im Anfängerstadium – also können wir das wohl streichen."

„Ja, gut!" rief Astrid eifrig, noch immer von der gleichen Zuversicht und Entschlossenheit erfüllt, die sie dazu gebracht hatte, es wieder mit Saga zu versuchen.

„Und die nächste Möglichkeit?" fragte Rose-Marie und bemühte sich, die Druckbuchstaben des Prospektes, der vor Mick lag, umgekehrt zu lesen. „He, wie zum Teufel spricht man denn das aus?"

„Keine Ahnung, aber es liegt in Wales", erwiderte Mick. „Sie nehmen dort höchstens sechs Gastschüler auf, also ist es nicht so groß und unpersönlich. Der Nachteil ist nur, daß sie schon ziemlich ausgebucht sind. Die einzige Zeit, in der sie uns alle fünf aufnehmen könnten, sind die zwei letzten Juliwochen. Aber wir wollten doch eigentlich länger bleiben, oder?"

„Schon, aber wenn das sonst eine sehr gute Reitschule

ist?" gab Petra zu bedenken.

Es war aufregend, daß die Reise nun plötzlich in greifbare Nähe gerückt war. Petra versuchte sich ein gemütliches kleines Haus vorzustellen, ganz von Efeu bewachsen. Doch sie wußte eigentlich wenig darüber, wie es in England aussah.

„Nett scheint es da zu sein", bestätigte Mick und hielt den Prospekt der Reitschule hoch. Auf dem Umschlag war ein idyllisches Foto. „Ich glaube allerdings, sie unternehmen vor allem Ausritte in die Natur und legen weniger Wert auf Spring- und Dressurausbildung. Und wir wollten doch eigentlich vor allem ein gutes Training haben, oder?"

„Ich nicht", sagte Arne und errötete leicht. „Ich reite gern, und ich möchte auch springen lernen, damit ich im Herbst bei den Reitjagden mitmachen kann. Aber an Wettkämpfen will ich mich nicht beteiligen. Und ich reite auch lieber in den Wald, anstatt Dressurtraining zu machen."

Einen Augenblick war es still, während jeder über das nachdachte, was Arne gesagt hatte.

Schließlich räusperte sich Mick. „Du hast völlig recht, Arne. Ich finde deine Einstellung prima!"

„Aber es muß doch eine Reitschule geben, die für uns alle paßt?" meinte Petra und sah auf Micks Liste. „Porlock & Vale", las sie vor. „Na, ist das nicht ein bißchen teuer?"

„Aber sie haben dort Lipizzaner und eine große Reithalle", erklärte Mick. „Allerdings ist das eine ziemlich große Anlage. Besonders familiär wird's da nicht zugehen. Und die Preise sind auch nicht gerade niedrig, da hast du recht. Aber wenn wir auch dorthin nicht fahren wollen, haben wir nur noch eine Adresse auf der Liste."

„Falls wir nicht wieder von vorn anfangen und an andere Reitschulen schreiben", sagte Rose-Marie. „Aber das kostet Zeit, und bis dahin ist vielleicht schon alles ausgebucht."

„Oldthorne Riding Centre", las Petra vor. „Wie wär's damit?"

„Das ist eine kleine, aber anspruchsvolle Reitschule", erklärte Mick. „Dort kriegt man offenbar ein gründliches Spring- und Dressurtraining geboten."

„Genau das, was wir wollen", meinte Petra. „Und die Preise sind auch erschwinglich. Das wäre doch genau richtig für uns!"

„Na ja, zwei Haken hat die Sache schon", sagte Mick zögernd.

„Sie haben nämlich nur Platz für vier Gast-Reitschüler, und wir sind fünf!"

„Und der zweite Haken?" fragte Petra nach kurzem Schweigen.

„Sie nehmen keine Schüler unter sechzehn."

„Aber ich werde doch erst im September sechzehn!" sagte Astrid unglücklich.

„Was sollen wir dann machen?" fragte Arne. „Überhaupt nicht fahren?"

Ein einstimmiges Nein erklang von allen Seiten. Das wäre doch zu enttäuschend gewesen!

„Vielleicht verschieben sie die Altersgrenze ein bißchen nach unten, wenn ich ihnen einen rührenden Brief in meinem besten Englisch schreibe?" schlug Mick vor. „Astrid ist ja nur ein paar Monate zu jung!"

„Und wie sollen wir alle fünf dort unterkommen, wenn sie bloß vier Leute nehmen?" fragte Rose-Marie. „Sollen wir übereinander in den Betten liegen?"

Arne wurde rot. „Hört mal, wenn's an der Teilnehmerzahl scheitert... dann könnte ich ja zu Hause bleiben."

„Das kommt nicht in Frage, das brauchst du nicht!" rief Petra. „Dann fahren wir eben für zwei Wochen nach Wales, damit alle mitmachen können."

„Aber ihr wollt doch lieber nach Oldthorne, oder? Mir macht es nichts aus, zu Hause zu bleiben", sagte Arne ein bißchen unbehaglich. „Dann könnte ich das Geld sparen und mir ein Auto kaufen, sobald ich achtzehn bin."

„Und was ist mit dem Reiten?" fragte Petra.

„Ich kann hier auch trainieren und vielleicht bei einem Reitlager mitmachen, ehe die Reitschulpferde auf die Sommerweide gebracht werden."

„Es wäre so schön, wenn wir alle zusammen fahren würden", sagte Astrid leise.

Arne wurde noch röter. Er sah plötzlich aus, als wollte er sich die Sache doch noch einmal überlegen.

„Ich glaube eigentlich, daß Arne recht hat", sagte Mick plötzlich.

„Wieso?" fragte Rose-Marie.

„Wir haben die Sache falsch geplant. Wir sind gerne zusammen, und deswegen wollten wir auch gemeinsam fortfahren. Aber wir haben nicht daran gedacht, daß wir als Reiter ziemlich verschieden sind und daß wir deshalb verschiedene Ziele und Vorstellungen haben. Vielleicht ist es sogar besser, wenn wir das ganz klar sehen und uns diesmal trennen, damit alle zufrieden sind."

Arne sah fast erleichtert aus. Er wollte gar nicht wirklich mitfahren, das begriff Petra plötzlich. Es war ihm unangenehm, daß er nicht zu seinem Wort stand, aber eigentlich wollte er lieber für ein Auto sparen.

„Soll Mick dann nach Oldthorne schreiben und fragen, ob wir vier kommen können?“ fragte sie.

„Das wäre am besten“, meinte Mick.

„Ja, schreib hin“, sagte Astrid.

Rose-Marie nickte.

Auf Biegen und Brechen

„Ich dachte, wir könnten heute ein bißchen Abwechslung vertragen“, sagte Karin am Freitag abend, als Petra wie üblich kam, um an der Reitstunde teilzunehmen.

Die ganze Gruppe war beim Stallbüro versammelt, wo die Pferde verteilt wurden. „Ihr seid die fortgeschrittensten Reiter unseres Clubs, und ich finde, es wird Zeit, daß ihr lernt, mit Kandare zu reiten. Ich habe zwar selbst nur zwei Stück, aber Agneta und Charlotte haben mir noch zwei geliehen; also können heute abend vier von euch mit Kandare reiten und die anderen drei nächste Woche.“

„Schaffen wir das denn überhaupt?“ fragte Maria, die meistens auf Puppe ritt. Sie war mutig, wenn es ums Springen ging, aber Dressur war nicht ihre starke Seite.

„Aber sicher“, meinte Karin. „Wir probieren's erst mal mit den ruhigsten Pferden – Rex, Ballade, Lona und Puppe. Petra, hättest du Lust, Rex zu nehmen und Monika auf

Riegel reiten zu lassen? Eines Tages willst du Riegel sicherlich auch an die Kandare gewöhnen, und dann solltest du selbst schon ein bißchen damit vertraut sein."

Petra zögerte einen Augenblick. Riegel war ihr Pferd, und es widerstrebte ihr, ihn auszuleihen – besonders jetzt, wo er sich so gut entwickelte und so leicht alles wieder zunichte gemacht werden konnte. Doch Monika war eine gute Reiterin und würde Riegel sicher gut behandeln. Wenn nicht, würde sie eingreifen, das stand für Petra fest.

„Ja, natürlich, ist schon in Ordnung", erwiderte sie daher.

„Und welches Pferd soll ich nehmen?" fragte Anna-Lena, die am liebsten auf Rex ritt.

„Lona", meinte Karin. „Ihr solltet sowieso soviel wie möglich abwechseln und nicht ständig auf ein und demselben Pferd sitzen."

Petra ging mit Monika zur Box, in der sie Riegel untergebracht hatte.

„Du paßt auf sein empfindliches Maul auf, nicht? Sei sanft mit ihm!"

„Natürlich!" erwiderte Monika mit einem beruhigenden Lächeln. Sie trug eine Brille, war hochaufgeschossen, hatte kurzes, dunkles Haar und einen breiten, fröhlichen Mund. Daran, daß sie älter als alle anderen in der Gruppe war, dachte kaum jemand.

„Herzlichen Glückwunsch übrigens, Monika! Du liegst ja jetzt auf dem zweiten Platz in der leichten C-Dressur!" sagte Petra, um ihr vorheriges Zögern, Riegel auszuleihen, wiedergutzumachen.

„Na ja", murmelte Monika. „Hallo, Riegel, wie geht's?"

„Na ja?“ wiederholte Petra, die nicht wußte, ob sie richtig gehört hatte. „Wie meinst du das?“

„Ach, es ist mir fast peinlich“, sagte Monika leise, während sie Riegels Zügel aufknüpfte, die hochgebunden waren, damit er sich nicht darin verhedderte. „Daß ich als Erwachsene den jungen Leuten die Preise wegnehme! Eigentlich sollte ich mich nicht mehr am Serienwettkampf beteiligen, aber dann dreht Jenny durch. Sie sagt, daß ich unbedingt weitermachen muß. Wenn ich gewußt hätte, daß es so gut läuft, hätte ich mich statt dessen zur leichten B-Serie angemeldet, aber ich hab' früher noch nie an einem Turnier teilgenommen und glaubte nicht, daß ich eine schwierigere Klasse schaffen würde. Ich hab' ja zehn Jahre lang nicht mehr auf einem Pferd gesessen und hab' erst im Herbst wieder zu reiten angefangen, als Jenny in die Anfängergruppe kam.“

„Natürlich ist Jenny stolz darauf, daß ihre Mutter reiten kann“, sagte Petra.

„Ja, aber wenn ich bloß nicht gewinnen würde!“ sagte Monika und begann Riegel aus der Box zu führen.

Petra lief zu Rex, um ihn zu satteln. Komisch, was die Leute für Sorgen hatten! Die meisten wollten nichts lieber als gewinnen, aber Monika, die wirklich gute Chancen hatte, mochte nicht auffallen. Eigentlich hätte sie doch wissen müssen, daß sie in der leichten B-Gruppe mitmachen würde. Karin hätte sie bestimmt nicht aufgenommen, wenn Monikas Reitkenntnisse nicht ausgereicht hätten.

Als Petra zu Rex' Box kam, war Karin gerade damit beschäftigt, den großen Fuchs zu zäumen.

„So mußt du es machen“, wies sie Petra an. „Das

Trensengebiß liegt über dem Stangengebiß, und man muß aufpassen, daß die Kinnkette flach liegt..., so..., und dann hakt man das hier fest..."

„So lose?" fragte Petra.

„Ja, das muß so sein, damit es nicht zu stark gespannt ist. Je fester die Kette gespannt ist, desto schärfer greift die Kandare. So eine Kandare ist kein Spielzeug! Wir müssen ganz sanft damit sein!"

Die anderen Pferde waren draußen auf der Reitbahn, wo Mick gerade die Anfänger-Reitstunde beendete. Karin nahm die übrigen Kandaren und ging hinaus, um bei Puppe, Ballade und Lona das Gebiß zu wechseln. Als Petra Rex aus dem Stall führte, begegnete sie Hilkka, die gerade Svala hereinführte, gefolgt von Monikas Tochter Jenny mit Jeppe.

Als alle fertig waren und auch Mick sich auf Saga der Gruppe anschließen konnte, ließen sie ihre Pferde am langen Zügel im Schritt herumgehen. Karin kontrollierte, ob jeder die Zügel richtig gefaßt hatte, und hielt dann einen kleinen Vortrag über das Reiten mit Kandare.

„Nie, nie am Zügel reißen! Denkt daran, daß die Kandare ein scharfes Gebiß ist, das dem Pferd weh tun kann, wenn man unvorsichtig damit umgeht", sagte sie. „Jetzt könnt ihr langsam die Zügel aufnehmen. Laßt den Kandarenzügel lockerer als den Trensenzügel – aber herumschlenkern sollen die Zügel natürlich nicht."

Petra nahm vorsichtig die doppelten Zügel auf und beugte sich vor, um sicher zu sein, daß sie nicht durcheinandergerieten. Alles schien in Ordnung zu sein.

„Lockerer mit dem Kandarenzügel, Maria!" rief Karin.

Petra schielte zu Riegel hinüber. Er schien mit seiner neuen Reiterin gut zurechtzukommen. Und was für ein hübsches Bild er bot! Eigentlich war es schön, ihn auch einmal beim Reiten beobachten zu können.

Doch als sie zu traben begannen, hatte Petra nicht mehr viel Zeit, nach ihrem Pferd zu sehen. Immer wieder mußte sie die Zügel richten, denn es passierte dauernd, daß der Kandarenzügel zu stramm und der Trensenzügel zu lose wurde. Trotzdem merkte sie nach einer Weile, daß ihr der große, schwere Rex plötzlich nicht mehr so plump erschien. Er ging offensichtlich besser an der Kandare als mit der Trense.

Die letzten Minuten der Reitstunde durften sie die Pferde am langen Zügel im Schritt gehen lassen. Dabei ritt Mick neben Petra.

„Du scheinst Agneta und Charlotte ganz schön auf Trab gebracht zu haben“, behauptete er.

„Auf Trab gebracht? Wieso?“ fragte Petra verdutzt.

„Na ja, jetzt haben sie plötzlich ernsthaft zu trainieren angefangen“, erzählte Mick. „Daß sie beim letzten Teilwettkampf von dir und deinem Jungpferd geschlagen worden sind, hat sie schwer getroffen! Sie waren so davon überzeugt, daß keiner in diesem Club ihnen etwas anhaben kann, daß sie offenbar damit gerechnet hatten, dauernd zu siegen, ohne viel dafür tun zu müssen. Doch jetzt kommen sie abends nach den Reitstunden öfter mal zum Dressurtraining her. Du hast sie gezwungen, sich anzustrengen“, sagte Mick lachend.

„Reitet auf die Mittellinie und macht halt!“ rief Karin.

Monika tauchte mit Riegel neben Petra auf.

„Ich kann Rex in den Stall bringen, wenn du mit Riegel gleich heimreiten möchtest“, sagte sie. „Und danke, daß du ihn mir gegeben hast! Er war wunderbar! Und was für einen Gang er hat!“

„Du hast ihn auch gut geritten“, gab Petra zurück.

Es tat ihr immer gut, wenn Riegel gelobt wurde. Aber er mußte noch besser werden, wenn er es mit Fleur und Karamel aufnehmen wollte, jetzt, wo Agneta und Charlotte richtig zu trainieren angefangen hatten. Der letzte Teilwettkampf war nicht nur ausschlaggebend für die Bronzeabzeichen-Prüfung, sondern entschied auch die Clubmeisterschaft in der Dressur. Petra hatte bis jetzt nicht sehr viel darüber nachgedacht, doch nach ihrem guten Abschneiden waren ihre Hoffnungen und Erwartungen gestiegen. Konnte sie mit Riegel vielleicht Clubmeister werden?

Am nächsten Morgen, einem Samstag, ritt sie früh von zu Hause los und schlug den längeren Weg zur Reitschule ein. Sie ritt am Nachbarhof vorbei und überquerte die Landstraße. Das kleine Haus auf der anderen Straßenseite stand nicht mehr leer. Ein Fenster war weit geöffnet, die Vorhänge flatterten, und Petra wußte, daß das Ehepaar Nilsson wieder für den Sommer eingezogen war. Die Nilssons waren Rentner und wohnten vom Frühling bis in den Herbst hinein hier auf dem Land.

Frau Nilsson schloß gerade den Deckel der Mülltonne, die am Straßenrand stand, und schickte sich an, zum Haus zurückzugehen. Da stand plötzlich wie aus dem Boden gewachsen ein großer Schäferhund vor ihr auf dem Gartenweg. Er sah alles andere als freundlich aus.

Zögernd ging Frau Nilsson einen Schritt vorwärts. Ein tiefes Knurren kam aus der Kehle des Hundes, sein Nackenfell sträubte sich. Offenbar wollte er sie nicht weitergehen lassen. Sie blieb stehen und wagte es nicht, sich zu rühren. Was sollte sie tun, wenn er sie anfiel? Sie wollte um Hilfe rufen, fand jedoch nicht den Mut dazu. Und wer hätte sie gehört? Ihr Mann war im Haus, und der Hundebesitzer war nicht zu sehen.

Da erklang plötzlich Hufschlag. Der Hund hob den Kopf und sah an Frau Nilsson vorbei. Ein großes, braunes Pferd kam über die Straße galoppiert.

„Geh nach Hause!“ schrie die Reiterin, und der Hund verschwand in Richtung der neuen Villa.

Die Reiterin zügelte ihr Pferd und ritt ein Stück zurück.

„Aber das ist ja Petra Granberg!“ rief Frau Nilsson überrascht. „Danke für deine Hilfe!“

„Ach, das war doch nichts! Dieser Hund scheint ziemlich aggressiv zu sein, aber vor einem ausgewachsenen Pferd hat er Respekt. – Nein, Riegel, laß das!“

Die hellgrünen, dicken Knospen der Fliederhecke waren allzu verlockend. Riegel streckte seinen langen Hals vor und schnappte nach einem Zweig.

„Ach, das macht nichts“, versicherte Frau Nilsson. „Das hat er verdient, weil er den Hund verjagt hat.“

Petra ritt weiter. Als sie zur neuen Villa kam, trat gerade eine Frau aus der Haustür und ging auf ein Auto zu. Der Schäferhund stand an der Treppe und begann zu knurren, als Petra und Riegel stehenblieben.

„Guten Morgen!“ rief Petra zögernd.

6 9732-8

Die Frau sah auf, machte jedoch keine Miene, den Gruß zu erwidern.

„Sie sollten Ihren Hund nicht allein herumlaufen lassen", sagte Petra. „Gerade hat er Frau Nilsson erschreckt."

„Da kann man nichts machen, wenn die Leute nicht mit Hunden umgehen können!" erwiderte die Frau scharf. „Er ist nicht gefährlich. Er bewacht nur sein Revier."

„Aber das braucht er doch wohl nicht beim Haus der Nilssons zu machen", sagte Petra. „Das ist nicht sein Revier. Außerdem ist es verboten, jetzt im Mai Hunde frei herumlaufen zu lassen, wo alle wild lebenden Tiere ihre Jungen bekommen."

Ganz zu schweigen von zahmen Tieren, hätte sie am liebsten hinzugefügt. Aber leider hatte ja keiner beobachtet, daß es der Schäferhund gewesen war, der Däumlings Lamm getötet hatte.

„King bleibt in der Nähe des Hauses und geht nirgendwo hin", versicherte die Frau mit säuerlicher Miene. „Sie brauchen sich keine Sorgen zu machen!"

Damit stieg sie ins Auto und schlug die Tür zu. Petra ritt weiter. Es war immer schwierig, anderer Leute Tiere zu kritisieren, das wußte sie. Sowohl Hunde- als auch Pferdebesitzer konnten das so übelnehmen, als hätte man sie selbst angegriffen. Aber dieser Schäferhund war eine Zumutung für die Nachbarschaft, und Petra fand, daß sie ganz recht gehabt hatte, als sie der Frau die Meinung sagte. Sie selbst hätte sich geschämt, wenn Riegel sich so schlecht benommen hätte wie dieser Hund. Sie wollte ein gut erzogenes Pferd haben, vor dem sich niemand zu ängstigen brauchte.

Trittfest und geschmeidig stieg Riegel den bewaldeten Abhang hinunter. Als die Bäume endeten, ging der Pfad in einen schmalen Dorfweg über. Die Sonne brach zwischen den Wolken hervor und tauchte ein Birkengehölz am Wegrand in goldenes Licht. Die Knospen waren kurz vor dem Aufplatzen; bald würden die Birken grün sein.

Karin war schon da, als Petra zur Reitschule kam. Sie hatten eine Privatreitstunde vereinbart; und in der nächsten halben Stunde ritt Petra unter Karins Anleitung mit besonderer Aufmerksamkeit. Gerade als sie fertig waren, kamen die Zwillinge Verelius dahergeritten.

„Oh, da sind meine nächsten Schülerinnen", sagte Karin.

„Haben die beiden jetzt eine Reitstunde bei dir?" fragte Petra.

Karin nickte und rief dann: „Agneta und Charlotte, reitet gleich auf die Bahn, ich komme sofort! Ich trinke nur schnell eine Tasse Kaffee!" Und zu Petra gewandt: „Möchtest du auch eine?"

„Nein, danke. Astrid reitet jetzt auf Saga, da will ich zusehen und Mick helfen, wenn's nötig sein sollte."

„Ach, Astrid reitet auf Saga? Das wußte ich gar nicht. Na gut, dann kann ja jeder von uns die Hälfte der Bahn benutzen."

Schon kam Mick mit Saga am Zügel auf Petra zu, gefolgt von Astrid. Sie setzte den Fuß in den Steigbügel und schwang sich in den Sattel. Es war mehr als einen Monat her, seitdem sie zuletzt auf Sagas Rücken gesessen hatte. Sie fühlte sich unsicher, hoffte aber, daß die Stute das nicht spüren würde.

„Liebes Pferd!" sagte sie und streichelte den Hals der Stute.

Sie brauchte ja nicht noch einmal auf Saga an einem Turnier teilzunehmen. Die Hauptsache war, sie nahm sich zusammen und fand den Mut, die Stute zu reiten. Und das konnte doch nicht so schwierig sein, wenn Mick sie an der Longe hatte.

Saga ging brav im Schritt um die Bahn. Mick gab Befehl zum Arbeitstrab, und Astrid trieb die Stute durch Schenkeldruck an. Gehorsam fiel Saga in Trab. Nein, so schwierig war es wirklich nicht! Doch kaum hatte Astrid das gedacht, da machte Saga einen Satz zur Seite. Astrid kam für einen Augenblick aus dem Gleichgewicht und mußte sich am Sattel festklammern.

„Also hör mal, Charlotte!" rief Mick. „So nahe brauchst du wirklich nicht an Saga heranreiten. Du störst uns ja beim Unterricht!"

Jetzt begriff Astrid, was vorgefallen war. Saga war nicht launisch gewesen – sie war von Charlottes Pferd abgedrängt worden. Abgesehen von diesem Zwischenfall kam es ihr vor, als wäre Saga folgsamer als früher.

„Und warum habt ihr gerade jetzt Reitunterricht?" rief Charlotte zurück. „Wir trainieren schließlich für das Turnier!"

„Astrid hat das gleiche Recht wie ihr, die Bahn zu benutzen!" rief Petra vom Zaun her.

„Wir können nichts dafür, daß sie mit Saga nicht zurechtkommt", mischte sich Agneta ein. „Wozu soll das übrigens gut sein, sie auf Saga zu setzen, wo sie doch ihr eigenes Pony hat?"

„Also hört mal, wir teilen uns heute brüderlich die Bahn!“ rief Karin von der Stalltür her. „Charlotte und Agneta, wir beschränken uns auf die hintere Hälfte!“

Danach wurden Astrid und Saga nicht mehr abgedrängt. Doch Astrid fand es ein bißchen schwierig, sich zu konzentrieren, wenn sie ein Stück entfernt Karin rufen hörte: „Jetzt geht sie auf der Hinterhand, Agneta!“ während Mick zugleich rief: „Gut, Astrid, aber laß die Zügel nicht so hängen!“

Sie trainierten also, die Zwillinge Verelius, dachte Astrid, und fanden es überflüssig, daß sie, Astrid, auf Saga ritt. Woher wußten sie eigentlich, daß sie nicht auch für das Turnier trainierte?

Plötzlich beschloß sie, daß sie genau das tun wollte. Agneta und Charlotte nahmen sie nicht ernst, doch sie würde es ihnen schon zeigen! Auf jeden Fall würde sie Saga im letzten Dressurturnier reiten. Sie wußte, daß sie es konnte. Der Sieg war gar nicht so wichtig.

King geht zu weit

Auf dem Heimweg machte Petra bei ihrer eigenen eingezäunten Reitbahn halt, sattelte Riegel ab und ließ ihn auf der Koppel frei. Fuchsa wieherte freudig von der Schafweide herüber, und Riegel antwortete mit seiner hellen Stimme. Petra ging mit dem Sattel weiter zum Hof.

Alle warteten gespannt auf Fuchsas Fohlen. Es konnte jeden Augenblick soweit sein, und die ganze Familie wechselte sich darin ab, regelmäßig nach der Stute zu sehen. Sie hatte zwar schon früher ohne Schwierigkeiten zwei Fohlen auf die Welt gebracht, doch man konnte nie wissen, was passierte.

Eigentlich gehörten Pferde nicht auf die Schafweide. Bei Fuchsa, die schon älter und sehr klug war, war es möglich. Doch ein Fohlen konnte sich in dem groben Maschendraht leicht verfangen, das wußte Petra. Wenn die neuen Nachbarn auf ihren Hund aufgepaßt hätten, wären die Schafe ohne Bewachung ausgekommen.

Sie hängte Riegels Sattel und Trense an den gewohnten Platz. Als sie wieder auf den Hofplatz kam, merkte sie, daß der Kombiwagen fort war. Vater hatte wohl eine Besorgung zu machen, dachte sie und ging ins Haus.

Schon auf dem Flur hörte sie die Stimme ihres Nachbarn Petrus aus der Küche.

„Jetzt muß das ein Ende haben, und wenn ich mein Jagdgewehr von der Wand hole!“ Das klang wütend und aufgeregt.

„Es läßt sich sicher auch anders regeln“, erwiderte Petras Mutter. Auch ihre Stimme war nicht so gelassen wie sonst. „Du mußt es der Polizei melden, Petrus, dann sollen die Beamten sich um die Sache kümmern. So geht das jedenfalls nicht weiter.“

„Was ist denn passiert?“ fragte Petra von der Türschwelle her.

„Dieser Schäferhund hat Anna ins Bein gebissen“, erzählte Mutter Granberg. „Papa hat sie gerade ins Krankenhaus gefahren.“

„Nein! Wie ist es passiert?“

„Anna kam gerade vom Einkaufen zurück, da ist der Hund dem Moped nachgelaufen und hat sie in den Oberschenkel gebissen", berichtete Petrus aufgeregt.

Das Moped der beiden war alt und klapprig und fuhr nicht mehr besonders schnell. Für einen großen Hund war es nicht schwierig, es einzuholen, vor allem auf der Anhöhe, die zum Tobiasson-Hof führte.

„Ist es schlimm?" fragte Petra erschrocken. „Hat er fest zugebissen?"

„Es sind zwei Bisse, und die Wunde hat ziemlich stark geblutet", erzählte ihre Mutter. „Dieser Hund ist gefährlich. Er darf nicht frei herumlaufen. Ich glaube, daß er nicht ganz richtig im Kopf ist. Wahrscheinlich wurde er immer falsch behandelt!"

„Was haben denn die Besitzer gesagt?" fragte Petra.

Sie dachte an die neue Nachbarin, die es ganz in Ordnung fand, daß ihr Hund Frau Nilsson angeknurrt hatte. Jetzt mußte sie doch endlich einsehen, wie gefährlich er war!

„Sie wissen es noch nicht", erklärte ihre Mutter. „Wir mußten uns ja um Anna kümmern. Deshalb sind wir noch nicht dazu gekommen, sie zu benachrichtigen!"

„Ich rede sofort mit ihnen!" sagte Petrus entschlossen und stand auf.

„Willst du vielleicht zu Fuß hingehen und auch noch gebissen werden?" wandte Frau Granberg ein. „Die haben doch sicher Telefon?"

„Ja, aber wie sollen wir die Nummer herausfinden? Sie sind doch gerade erst eingezogen."

„Warte lieber, bis Anna und Arne wieder mit dem Auto

zurück sind, dann könnt ihr hinfahren und mit den Leuten reden", schlug Frau Granberg vor.

Eine Stunde später fuhren Arne Granberg und Petrus zu den neuen Nachbarn. Die Hundebesitzer aber wollten nicht begreifen, daß ihr King etwas Derartiges getan haben sollte, und ließen sich auch nicht in ihrer Überzeugung beirren, daß Anna auf irgendeine Weise selbst schuld an dem Vorfall war. Erst als Petrus mit der Polizei drohte, versprachen sie, besser auf ihren Hund aufzupassen.

„Wenn ich ihn noch einmal frei herumlaufen sehe, melde ich es der Polizei", hatte Petrus sie gewarnt. „Und wenn er auf meinen Grund und Boden kommt, erschieße ich ihn! Dieser Hund ist gefährlich!"

Das empfanden Kings Besitzer als den Gipfel der Roheit. Es stand also nicht besonders gut um die nachbarliche Eintracht. Sie fragten auch nicht, wie es Anna ging. Ihre Wunden hatten genäht werden müssen, und sie hatte eine Tetanusspritze bekommen. Am Montag bekam sie solche Schmerzen, daß sie wieder ins Krankenhaus gefahren werden mußte. Die Wunde hatte sich entzündet, der Arzt mußte die Naht wieder öffnen und Anna eine Spritze geben.

Am Freitag abend, als Petra zur Reitstunde aufbrechen wollte, wurde ihr klar, daß sie die ganze Woche über die Villa mit dem Schäferhund gemieden hatte. Das machte sie wütend. Diese Leute hatten Anna weder um Verzeihung gebeten noch sich darum gekümmert, wie es ihr ging. Sie hatten sich benommen, als wären *sie* gekränkt und verletzt worden. Dabei war es doch Anna, die liebe, freundliche alte Anna, die verletzt worden war!

Petra sah auf die Uhr. Sie hatte genug Zeit. Sie beschloß, den langen Weg zur Reitschule zu nehmen. Sie hatte keine Lust, einen guten Reitweg wegen eines bösartigen Schäferhundes zu meiden. Die Leute sollten sich nur nicht einbilden, daß sie Angst hatte! So lange sie auf Riegel saß, fürchtete sie sich nicht. Aber nach dem, was vorgefallen war, mochte sie dem Hund auch nicht mehr zu Fuß begegnen, das mußte sie sich eingestehen. Und das ärgerte sie. Als sie noch sehr klein war, hatte sie sich vor Kühen gefürchtet. Ihre Mutter hatte das erzählt. Aber sie selbst erinnerte sich nicht mehr daran. Sie erinnerte sich überhaupt nicht, daß sie vor irgendeinem Tier in ihrer Umgebung jemals Angst gehabt hätte. Jedenfalls bis jetzt nicht. Wenn sie nun gezwungen gewesen wäre, diesen Weg zu Fuß zu gehen, hätte sie die ganze Zeit Angst haben müssen, daß der Schäferhund trotz allem frei herumlief. Das war nicht nur unheimlich, es war auch demütigend.

Frau Nilsson kam zum Zaun, als Petra vorüberritt.

„Das ist wirklich eine furchtbare Sache mit Anna Jonasson!“ rief sie. „Weißt du, wie es ihr geht?“

„Ein bißchen besser“, meinte Petra. „Aber es wird noch einige Zeit dauern, bis die Wunden verheilt sind.“

„Das hätte mir auch passieren können, als der Hund mir den Weg versperrt hat. Ein Glück, daß du damals vorbeigekommen bist. Warte, ich hole ein Stück Brot für dein Pferd!“

„Oh, vielen Dank, aber das ist nicht...“, begann Petra.

Doch Frau Nilsson war schon im Haus verschwunden. Petra hatte nicht die Zeit, sich unterwegs länger aufzuhalten, aber sie konnte jetzt auch nicht einfach davonreiten, ehe die freundliche Frau Nilsson zurückkam.

„Schau, das ist für dich!"

Die alte Dame tauchte mit einem großen, runden Brot wieder auf, das sie in Stücke brach. Damit fütterte sie Riegel über den Zaun hinweg.

„Ich bleibe jetzt lieber innerhalb des Zaunes", sagte sie. „Von dort oben siehst du doch zum neuen Haus hinüber? Der Hund ist jetzt tagsüber an der Laufleine, aber früh am Morgen lassen sie ihn frei, wenn sie glauben, daß noch niemand unterwegs ist. Und deshalb bin ich nie wirklich sicher, ob er nicht doch plötzlich hier auftaucht."

Petra kam gerade noch rechtzeitig zur Reitstunde. Diesmal durften Anna-Lena auf Rex, Anki auf Lona, Monika auf Puppe und Mick auf Ballade mit der Kandare reiten. Saga blieb im Stall, und Jeppe wurde anstelle der Stute in der Reitstunde eingesetzt. Mick wollte sein Pferd heute keinem anderen Reiter geben, nachdem Astrid am nächsten Tag mit Saga trainieren sollte.

„Bleibst du heute lange in der Reitschule?" fragte Petras Vater am nächsten Morgen beim Frühstück. „Sonst könnten wir zusammen nach den Bienenvölkern sehen, wenn das Wetter gut ist."

„Das machen wir", sagte Petra fröhlich.

Da es jetzt entschieden war, daß sie einen ganzen Sommermonat lang fort sein würde, wollte sie bis dahin zu Hause mithelfen, soviel sie nur konnte. Doch Riegel brauchte auch Bewegung. Sie ritt mit ihm zur Reitschule, ließ ihn im Stall warten, während Astrid trainierte, und sattelte ihn dann wieder, um auf dem längeren Weg nach Hause zu reiten.

Ehe sie sich in den Sattel schwang, ging sie zu Mick und sprach ein paar Worte mit ihm. Da kam Rose-Marie auf sie zu.

„Hast du schon nach Oldthorne geschrieben?" fragte sie.

„Ja, natürlich", erwiderte Mick. „Am Dienstag hab' ich den Brief eingeworfen."

Rose-Marie sah ein bißchen enttäuscht aus.

„Was ist denn los?" wollte Petra wissen.

„Ach, es ist wegen Ballade", sagte Rose-Marie rasch. „Ich hab' gedacht, daß ich ihn den Rest des Sommers haben könnte, wenn wir von der Reise zurückkommen, aber das geht nicht. Karin sagt, wenn ich ihn nicht die ganze Weideperiode übernehmen kann, muß sie ihn jemand anderem geben."

„Soll das heißen, daß du deswegen zu Hause bleiben willst?" fragte Mick. „Du reitest ja sowieso immer auf Ballade, und diese Reise ist doch eine einzigartige Gelegenheit!"

„Schon... Aber Karin wußte nicht, daß ich auch wegfahren will. Deshalb hat sie mich gefragt, ob ich dich während des Reitlagers vertreten könnte, Mick. Und jetzt weiß ich eigentlich nicht, was von beidem mir lieber ist!"

„In England wird's sicher ganz toll", sagte Petra.

„Ja, bestimmt. Aber Ballade den ganzen Sommer über für mich zu haben, wäre auch toll."

„Du wirst dich entscheiden müssen", sagte Mick. „Und zwar so bald wie möglich."

„Ich muß mir die Sache überlegen."

„Ja, mach das. Aber es wäre schön, wenn du mitkommen würdest", sagte Petra.

Es überraschte Petra, daß Rose-Marie überlegte, ob sie daheimbleiben sollte. Sie war bisher von der Aussicht auf die Reise so begeistert gewesen. Aber ihr Lieblingspferd einen kleinen Teil des Jahres für sich haben zu können..., das war ihr offenbar auch sehr wichtig, dachte Petra, als sie langsam heimwärts ritt. Rose-Marie hatte kein eigenes Pferd; sie mußte Ballade für gewöhnlich mit dem Reitclub teilen.

Am Morgen war Petra den kürzesten Weg zur Reitschule geritten – nun nahm sie den längeren Weg nach Hause. Es war trotzdem noch Zeit genug, ihrem Vater bei der Frühjahrsinspektion der Bienenvölker zu helfen.

Die Birken waren nun zartgrün, Wiesen und Wegränder blühten. Petra sah über einen braunen Acker am Rand der Dorfstraße und entdeckte einen schwachgrünen Schimmer über der braunen Erde – die Saat begann zu sprießen!

Der Weg mündete in einen Bauernhof, doch ein Pfad führte von dort weiter zum Wald hinauf. Petra bog auf den Pfad ab, während der Jagdhund des Hofes, der mit einer Laufleine im Garten angebunden war, ihr und Riegel aufmerksam nachsah, ohne jedoch zu bellen. So ruhig und vernünftig sollten Hunde sein, fand Petra, und Pferde nicht erschrecken. Nicht so aggressiv wie der Schäferhund der neuen Nachbarn.

Plötzlich rief ihr jemand zu: „Reitest du spazieren?"

Petra drehte sich um und sah den Besitzer des Hofes, Emil Höglund, der in seinem Garten grub.

„Wohin reitest du an so einem schönen Tag?" fragte er

und stützte sich auf seinen Spaten.

„In den Wald!" erwiderte Petra und lachte ihm zu.

Sie ließ Riegel angaloppieren. Der braune Wallach stürmte voller Lebenslust den Hügel hinauf und über den weichen Waldpfad. Petra genoß den Galopp in vollen Zügen. Geschickt duckte sie sich, wenn ein tief herabhängender Zweig ihr den Weg versperrte. An so einem Frühlingstag war das Leben einfach wunderbar!

Sie wäre gern noch länger so dahingaloppiert, doch nur zu rasch erreichten sie den Gipfel des Hügels. Petra zügelte Riegel leicht. Ihr Pferd gehorchte unerwartet plötzlich. Es machte so unvermittelt zwischen den Büschen halt, daß Petra nach vorn geschleudert wurde und sekundenlang aus dem Gleichgewicht kam.

„Was hast du denn, Riegel?" rief sie und drückte die Fersen in die Flanken ihres Pferdes.

Der Wallach weigerte sich jedoch, auch nur einen Schritt weiterzugehen. Im gleichen Augenblick sah Petra, weshalb er so ruckartig angehalten hatte. Quer über dem Pfad, nur ein paar Meter von ihnen entfernt, lag ein Reh. Es lag regungslos auf der Seite, den hellen Bauch Petra zugewandt.

„Mein Gott!"

Sie sprang rasch zu Boden, behielt die Zügel in der Hand und ging, den mißtrauischen Riegel hinter sich, auf das Reh zu. Es war eine Rehgeiß mit schönem, rostrotem Fell, mit matten, gebrochenen Augen, den Hals dunkel von Blut. Sie war tot, so wie Däumlings Lamm.

„Armes Tier", murmelte Petra. „Hast du's denn nicht mehr geschafft, wegzulaufen?"

Dann bemerkte sie, wie dick der Bauch der Rehgeiß war. Sie hatte ihr Junges noch nicht zur Welt gebracht. Deshalb war sie wohl auch zu schwerfällig gewesen, um dem Schäferhund zu entkommen. Denn Petra zweifelte nicht daran, daß auch das Reh dem Schäferhund zum Opfer gefallen war. Frau Nilsson hatte ja beobachtet, daß er morgens noch immer frei herumlief.

„Jetzt reicht es, Riegel! Es muß etwas geschehen!"

Sie schwang sich wieder in den Sattel. Jetzt mußte endlich Schluß sein mit den Angriffen des Hundes auf andere Lebewesen. Sie ließ Riegel wenden und ritt den Hügel hinunter. In diesem Wald hatten die Höglunds das Jagdrecht. Das Reh gehörte also wohl ihnen.

Emil Höglund grub noch immer in seinem Garten, als Petra zurückkam. Er schob seine Schirmmütze in den Nacken und sah sie verwundert an.

„Hat's dir im Wald nicht gefallen?" fragte Höglund.

„Droben auf dem Hügel liegt ein Reh mit zerfleischter Kehle!" rief Petra ihm zu.

„Was?" Er ließ den Spaten fallen und lief auf sie zu. „Wo denn?"

„Mitten auf dem Pfad, hinter den Büschen auf der Hügelkuppe. Gestern abend war es noch nicht da. Ich zeige es Ihnen!"

Da waren's nur noch drei

„Und dann mußten sie auch noch Strafe zahlen, weil ihr Hund frei herumgelaufen ist. Deshalb sind sie furchtbar böse auf die Leute in ihrer Umgebung“, erzählte Lena.

Sie saß neben Hilkka auf dem Zaun, der den Schulhof umgab.

„Der Mann, der dort im Wald das Jagdrecht hat, wollte, daß der Hund erschossen wird“, fuhr Lena fort. „Aber die Besitzer haben angefangen, einen Zaun um die Villa aufzurichten, damit der Hund im Garten Auslauf hat.“

„Einen hohen Zaun?“

Hilkka fand die Geschichte von dem getöteten Reh furchtbar. Genauso furchtbar war die Sache mit Däumlings Lamm gewesen, ganz zu schweigen von Anna Jonassons Bißwunde. Hilkka fuhr im Sommer selbst täglich auf dieser Straße mit dem Fahrrad.

„Na ja, so halbhoch, sagt Petra. Ganz sicher war sie nicht, daß er hoch genug ist, damit der Hund nicht mehr darüberspringen kann“, erzählte Lena. „Hoffentlich bleibt er wirklich im Garten!“

Hilkka war nicht sehr wohl in ihrer Haut. Sie stellte sich vor, wie sie radelte, so schnell sie nur konnte, gejagt von einem wütenden Schäferhund, der näher und näher kam. Wer weiß, ob sie sich im Sommer überhaupt trauen würde, zum Granberghof zu fahren?

„Wir bringen Svala und Sturmvogel am Samstag auf die

Weide", fuhr Lena fort. „Ich werde auf Svala zum Granberghof reiten. Kommst du mit?"

„Müssen wir bei dem Hund vorbei?"

„Nein, wir nehmen einen anderen Weg."

In diesem Augenblick klingelte es. Die Pause war vorüber. Die Mädchen sprangen von dem niedrigen Zaun und trennten sich auf dem Weg zu ihren Klassenzimmern. Obwohl Hilkka es nicht offen aussprach, wäre es ihr lieber gewesen, wenn Astrid noch einige Zeit damit gewartet hätte, Svala und das Fohlen auf die Weide zu bringen. Der Granberghof lag noch ein Stück weiter von ihrer Wohnung entfernt als die Reitschule, und Hilkka fand den Weg bereits lang genug. Außerdem hatte sie Petras Eltern noch nicht kennengelernt, und bei fremden Erwachsenen fühlte sie sich immer unsicher.

Sie ging auf ihren Platz, der ziemlich weit hinten in der mittleren Bankreihe war. Für Svala und Sturmvogel würde es schön sein, auf die Weide zu kommen – doch was wurde aus dem Reiten? Seit Astrid angefangen hatte, wieder mit Saga zu trainieren, hatte Hilkka öfter als sonst auf Svala reiten dürfen. Sie nahm jeden Dienstag an der Anfänger-Reitstunde teil, und manchmal durfte sie auch noch zusätzlich reiten. Sie schaffte das Leichttraben jetzt ganz gut, doch bisher hatte sie weder galoppieren noch ausreiten dürfen.

Die Lehrerin begann etwas zu erklären und schrieb an die Tafel, doch Hilkka hörte deutlich, wie Anders in der Bank neben der Tür versuchte, mit Carina zu flüstern, die ein ziemliches Stück von ihm entfernt saß. Und sie sah aus den Augenwinkeln, daß Pelle und Matthias ganz hinten in der Fensterbankreihe „Schiffe versenken" spielten, sobald die Lehrerin ihnen den Rücken zudrehte.

Hilkka dachte an Svala und das Fohlen, nicht an das, was die Lehrerin an die Tafel schrieb und erklärte. Die Ponys waren das Schönste, was es für sie gab. Sie liebte sie – außerdem hatte Hilkka durch sie auch Lena kennengelernt. Lena hatte eine pferdenärrische Freundin – Marie –, und sie waren alle drei während der Pausen oft zusammen. Zwar redeten dann vor allem Marie und Lena, aber das störte Hilkka nicht.

„Anders, hör auf zu flüstern, paß auf!" sagte die Lehrerin plötzlich.

Vielleicht war es wirklich besser aufzupassen, dachte Hilkka. Sie bemühte sich, nicht weiter ihren Gedanken nachzuhängen. Doch da sie von Anfang an nicht zugehört hatte, verlor sie bald wieder den Faden und dachte an die geliebten Pferde.

Der Schulbus bog auf die Hauptstraße ein und fuhr in südlicher Richtung aus der Ortschaft. Mick öffnete seine Schulmappe und zog ein paar Bücher in englischer Sprache heraus, die er in der Bibliothek ausgeliehen hatte.

„Du kannst gern eins davon haben, Petra, damit du ein bißchen Übung in Englisch kriegst, ehe wir fahren. Willst du auch eins haben, Rose-Marie?" fragte er.

Petra wählte rasch eines der Bücher aus und steckte es in ihre eigene Mappe. Jetzt waren es nur noch ein paar Wochen bis zu ihrer Englandreise.

„Nein, danke. Hört mal, ich hab' mich jetzt entschieden", sagte Rose-Marie hinter ihnen und beugte sich über Petras

7 9732-8

Rückenlehne. „Ich bleibe zu Hause. Ich reite Ballade und helfe Karin mit dem Reitlager. Anschließend wollen Arne und ich Ballade und Loma ausleihen und sie zu meinem Onkel auf die Weide bringen. Nach England komme ich schon noch ein anderes Mal. Ballade ist mir wichtiger."

„Schade!" fand Petra. „Aber wenn du dich entschieden hast, kann man nichts machen. Ich verstehe dich gut."

„Hoffentlich kommt Astrid jetzt nicht auch noch auf die Idee, abzuspringen", sagte Mick.

„Das glaube ich nicht", erwiderte Petra. „Sie hat sich schon total auf die Reise eingestellt. Ihre Eltern wollen in den Sommerferien in Urlaub fahren, während Astrid in England ist und Lena bei uns auf dem Hof wohnt."

„Dann muß ich wohl versuchen, die Leute in Oldthorne anzurufen, damit sie möglichst bald wissen, daß wir zu dritt kommen und nicht zu viert."

Als Petra eine Weile später den Weg zum Granberghof hinaufging, fragte sie sich plötzlich, ob Rose-Marie vielleicht wegen Arne hierbleiben wollte. Doch Arne war Rose-Maries Vetter, und die beiden waren immer gute Freunde gewesen. Weshalb sollten sie also jetzt die Pferde nicht gemeinsam reiten? Es hatte eine Zeit gegeben, in der Rose-Marie eifersüchtig zu sein schien, weil Arne sich für Astrid interessierte, aber das war vergangen und sicher längst überwunden.

Beim Essen erzählte Petra den Eltern, daß von all ihren Freunden, die mit nach England hatten fahren wollen, jetzt nur noch sie selbst, Mick und Astrid übriggeblieben waren.

„Dabei waren gerade Arne und Rose-Marie im Winter so

begeistert gewesen, als wir die Idee mit der Reise hatten."

„So ist das immer", sagte die Mutter. „Solange etwas in weiter Ferne liegt, wollen alle mitmachen. Dann ist es nur ein Traum, der nichts kostet. Aber je näher etwas rückt, um so wirklicher wird es auch. Dann begreifen die meisten, daß es Zeit und Geld kostet. Und plötzlich fällt ihnen ein, daß sie lieber etwas anderes machen wollen."

Hund gegen Pferd

„Aber was ist, wenn Sturmvogel wegläuft?" fragte Hilkka besorgt.

Es war Samstagmorgen. Lena saß schon auf Svalas Rücken, während das Fohlen über den Stallhof galoppierte.

„Hab keine Angst", erwiderte Mick. „Überleg doch mal, er war noch nie in der großen Welt außerhalb der Reitschule! Er wird bestimmt brav hinter seiner Mutter hertraben. Und in die Nähe von Verkehrsstraßen kommt ihr ja nicht."

„Ja, dann nehmen wir die Stallkiste am besten im Auto mit", sagte Frau Olsson. „Wir kommen nach, sobald Astrid und Saga mit dem Training fertig sind."

„Wollte Petra denn nicht herüberkommen?" fragte Astrid.

„Eigentlich schon", erwiderte Mick. „Ich hab' keine Ahnung, wo sie so lange bleibt."

Micks Worte klangen Hilkka noch in den Ohren, als sie

neben Svala und Lena zur Anhöhe ging, die zum Wald hinaufführte. Wenn auf dem Granberghof nur nichts passiert war!

Sturmvogel war noch am Zaun der Reitbahn, doch plötzlich entdeckte er, daß Svala wirklich im Begriff war, sich zu entfernen. Da kam er blitzschnell hinter ihr hergerannt und wich dann nicht mehr von der Seite seiner Mutter.

Der Pfad war ziemlich breit und eben. Rechts und links erstreckte sich dichter Wald. Die Vögel zwitscherten und trillerten aus dem grünen Dickicht.

„Möchtest du auch mal ein Stück reiten?" fragte Lena nach einer Weile.

„Ich glaube, es ist besser, du reitest. Du kennst ja den Weg", erwiderte Hilkka.

Sturmvogel ging ganz brav mit, so wie Mick es vorhergesagt hatte. Plötzlich lichtete sich der Wald, und der Pfad mündete in einen Traktorweg zwischen Äckern und Wiesen.

„Dort ist Petras Reitbahn", sagte Lena und deutete nach links. „Auf der sind Astrid und ich letzten Sommer immer geritten, als wir Jeppe und Svala hier auf der Weide hatten. Aber wir sind auch in den Wald geritten – einmal bis zum See. Dort haben wir mit den Pferden gebadet!"

„Streitet ihr euch eigentlich nie?" fragte Hilkka.

Lena sah sie verwundert an. „Klar streiten wir manchmal. Wic ist es denn mit dir und Sirkka – streitet ihr euch?"

„Fast dauernd. Ich wollte, ich könnte mit dir tauschen", entfuhr es Hilkka.

Vor ihnen lag der Granberghof, eine Ansammlung von

roten Holzhäusern auf einer kleinen Anhöhe. Der Traktorweg mündete in die Einfahrt zum Hof. Man merkte, daß Svala hier mit allem vertraut war, denn sie wandte sofort den Kopf zur Stalltür, während Sturmvogel den Hofplatz mit einer liebenswerten Mischung aus Furchtsamkeit und Neugier erforschte.

Plötzlich ging die Stalltür auf, und Petra kam heraus. „Hallo!“ rief sie. „Fuchsa hat heute früh ihr Fohlen bekommen!“

„Oh, wie wunderbar!“ sagte Lena. „Dann können wir sie doch alle zusammen auf die Weide bringen.“

„Nein, nur Svala und Sturmvogel“, erwiderte Petra.

„Fuchsa und ihr Fohlen müssen ein bißchen Ruhe haben, ehe wir sie mit den anderen Pferden zusammenbringen. Außerdem müssen wir noch auf die Nachgeburt warten.“

„Was ist das?“ fragte Hilkka.

„Der Mutterkuchen, durch den das Fohlen im Mutterleib ernährt worden ist“, erklärte Petra. „Jetzt wird er nicht mehr gebraucht. Wenn er weiter in der Gebärmutter bliebe, würde die Stute krank werden.“

„Was macht man denn, wenn der Mutterkuchen nicht herauskommt?“ fragte Lena.

„Dann muß man den Tierarzt rufen. Aber meistens kommt die Nachgeburt ganz von selbst.“

„Dürfen wir uns das Fohlen ansehen?“ fragte Hilkka.

„Ja, klar. Ich halte Svala inzwischen, während ihr in den Stall geht. Anschließend bringen wir die beiden dann gleich auf die Weide.“

Der Stall war nicht so groß, wie Hilkka erwartet hatte, aber sie hatte als Vergleich ja nur den Stall der Reitschule.

Neben der Tür war ein großer, leerer Pferdestand, und daran anschließend eine Box. Bei der Box stand ein Mann, der einen Arbeitsanzug und ein kariertes Hemd trug. Hilkka wäre am liebsten umgekehrt. War das Petras Vater? Vielleicht mochte er es nicht, daß fremde Mädchen in seinem Stall herumliefen? Doch er hatte freundliche graue Augen, lächelte ihnen zu und sagte: „Kommt her und seht euch Fuchsas Fohlen an.“

Lena war als erste bei der Box. Hilkka folgte ihr zögernd. Fuchsa hatte eine lange, blonde Mähne und einen schön geformten Kopf mit breiter Stirn und leicht gebogener Nase. Die gleichmäßige Blesse lief zwischen den Nüstern in einer Spitze aus. Doch jetzt legte sie plötzlich die Ohren zurück und blähte drohend die Nüstern.

„Na, die Mädchen werden doch wohl einen Blick auf dein Fohlen werfen dürfen, oder?“ sagte Petras Vater und griff nach dem Halfter. „Jetzt kann sie euch nicht beißen“, fügte er, zu Lena und Hilkka gewandt, hinzu.

Lena beugte sich über die Boxtür und stieß einen entzückten Schrei aus. Hilkka stellte sich neben sie und sah in die Box. Das Fohlen wurde fast ganz von seiner Mutter verdeckt. Noch feucht und wacklig stand es da, war aber doch größer und kräftiger, als Sturmvogel es als Neugeborener gewesen war.

Als sie wenig später mit Petra und den Ponys zu den Weiden hinuntergingen, betrachtete Hilkka Sturmvogel plötzlich mit anderen Augen. Er war ja bald zwei Monate alt und im Vergleich zu dem neugeborenen Fohlen schon ein recht kräftig entwickelter kleiner Bursche.

Auf der ersten Weide grasten die Kühe. Petra ging am

Zaun vorbei und machte erst in der Nähe des Nachbarhofes halt.

„Das hier ist eigentlich Jonassons Weide“, erklärte sie Hilkka. „Aber wir können sie benutzen, weil unsere Nachbarn keine eigenen Tiere mehr haben.“

Riegel kam über die Wiese getrabt, froh darüber, endlich Gesellschaft zu bekommen, als Svala und Sturmvogel durch die Gatteröffnung gingen. Das Halbblut und das New-Forest-Pony beschnupperten sich freundlich. Als Riegel sich dann jedoch neugierig zu Sturmvogel umwandte, drehte sich Svala hastig um und trieb ihr Junges ein Stück zur Seite.

Hilkka war so damit beschäftigt, den Pferden zuzusehen, daß sie den alten Mann vom Nachbarhof erst bemerkte, als er plötzlich hinter ihnen stand.

„Das ist aber mal ein feines Fohlen!“ war sein Urteil über Sturmvogel.

Er hatte einen borstigen grauen Schnurrbart und blaue Augen unter dichten, grauen Brauen. Hilkka spähte an ihm vorbei zum Hof hinüber.

„Wohnen dort die Leute mit dem Schäferhund?“ fragte sie Lena leise.

„Nein, das ist das Haus auf der anderen Seite der Landstraße“, erwiderte Lena. „Man sieht es von hier aus gar nicht.“

„Redet ihr von dem Hund?“ fragte der alte Petrus. „Ja, vor dem muß man sich in acht nehmen. Vorhin, als ich unten beim Briefkasten war, hab' ich gehört, wie sie ein paarmal King gerufen haben. Er muß ihnen also weggelaufen sein.“

Hilkka sah sich ängstlich um. Doch kein Hund war zu sehen. Also war er wohl inzwischen wieder zu Hause, dachte sie. Petrus nickte ihnen zu und ging zu seinem Hof zurück. Hilkka begleitete Petra und Lena zum Granberghof hinauf. Vielleicht würde es wirklich Spaß machen, wenn sie im Sommer täglich hierherkam und gemeinsam mit Lena die Ponys versorgte, dachte Hilkka. Hier hatten sie eine eigene Reitbahn, auf der nur Lena es sah, wenn sie sich dumm anstellte, und einen kleinen, ruhigen Stall, in dem es nicht von anderen Mädchen wimmelte, die besser reiten konnten als sie.

Kurz darauf bog Frau Olsson mit dem Volvo auf dem Hofplatz ein. Sie hatte Astrid und Mick mitgebracht. Die mußten natürlich auch sehen, wie die Ponys untergebracht waren, und Lena, Hilkka und Petra gingen noch einmal mit ihnen zur Koppel hinunter.

Astrid versuchte ihr Pony mit einer Karotte anzulocken. Svala jedoch war viel zu beschäftigt damit, das saftige Frühlingsgras zu fressen, und kümmerte sich nicht um ihre Rufe. Schließlich kroch Petra zwischen den Zaundrähten durch, ging zu der kleinen Stute und streichelte sie.

„Hörst du nicht, daß Astrid dich ruft?“ fragte sie. Da hob das Pony endlich den Kopf. „Schau doch mal, was sie für dich hat!“

Jetzt bemerkte Svala die Karotte. Mit weichen, schwingenden Schritten ging sie zu Astrid hinüber. Auch Riegel kam zu der kleinen Gruppe am Gatter, und Hilkka grub ein angestaubtes Zuckerstück aus ihrer Hosentasche hervor.

Petra blieb noch etwas auf der Weide zurück und beobachtete Sturmvogel. Er war vollauf damit beschäftigt, sein neues Revier zu erkunden, und hatte sich ziemlich weit von den beiden anderen Pferden entfernt. Petra dachte, daß sie noch nie ein so wunderschönes Fohlen gesehen hatte. Der kleine Hengst war wirklich etwas ganz Besonderes!

Plötzlich merkte sie, daß sich rechts im Gebüsch etwas bewegte. Verblüfft starrte sie hinüber. Flüchtig zeigte sich ein schmaler Kopf mit spitzen Ohren... Doch Sturmvogel war schon ein Stück weitergetrabt und sah nicht, wie der Schäferhund sich zwischen den Bäumen an ihn heranschlich.

„Nein!" rief Petra entsetzt. „Pfui, King, geh sofort nach Hause!" schrie sie in der schwachen Hoffnung, der Hund könnte sich von seinem Vorhaben abbringen lassen, wenn er seinen Namen hörte.

Für den Bruchteil einer Sekunde wandte der Schäferhund den Kopf nach ihr um. Dann schlich er weiter.

„Sturmvogel!" schrie Petra und begann zu laufen, so schnell sie konnte.

In diesem Augenblick setzte der Schäferhund zum Sprung an.

„Lauf, Sturmvogel!" kreischte Lena vom Gatter her verzweifelt.

Jetzt hatte das Fohlen die Gefahr entdeckt und galoppierte blitzschnell los. Doch der Hund war schon zwischen ihm und den anderen Pferden. Sturmvogel machte einen großen Bogen, weil er hoffte, so an ihm vorbeizukommen, und der Hund raste mit unglaublicher Geschwindigkeit weiter, um dem Fohlen den Weg abzuschneiden. Petra begriff, daß sie es nicht rechtzeitig schaffen würde. Trotzdem rannte sie weiter, schneller, als sie je in ihrem Leben gelaufen war.

„Vorsicht, Petra!“ schrie Mick gellend.

Im nächsten Augenblick schoß ein dunkler Körper dicht an ihr vorbei. Das kam so unerwartet, daß sie das Gleichgewicht verlor, über ein Grasbüschel stolperte und kopfüber ins Gras stürzte. Vor ihr stürmte Svala mit Riesensätzen über die Wiese ihrem Fohlen zu Hilfe.

Der Hund war nur noch zwei oder drei Sätze von Sturmvogel entfernt. Seine Absicht war klar – er wollte dem Fohlen an die Kehle springen! Schon hatte er zum Sprung angesetzt, da hielt er plötzlich inne, erschreckt durch Svalas ungestümes Auftauchen. Sie bot wirklich einen furchterregenden Anblick: ein zu allem entschlossenes Muttertier, das sein Junges verteidigt!

Der Schäferhund wandte sich ab, um zu fliehen, doch er kam nicht weit. Schon hatte Svala ihn erreicht, und ihre Geschwindigkeit war zu groß, um anzuhalten. Sie setzte mit einem Sprung über den Hund hinweg, ihre Hufe blitzten in der Sonne, als sie wie rasend nach hinten ausschlug.

Langsam stand Petra auf. Riegel galoppierte an ihr vorbei. Sie rieb ihre Handflächen aneinander, die voller Erde und Gras waren, ohne zu spüren, was sie tat.

Svala machte endlich halt. Mit ein paar Sprüngen war sie dann bei ihrem Fohlen und schob es mit der Nase dicht zu sich heran. Dabei wieherte sie leise und beruhigend. Riegel trabte mit gebogenem Hals im Halbkreis um die beiden herum.

„Alles in Ordnung, Petra?“ Mick stand neben ihr.

„Mir fehlt nichts... Sie hat mich nicht mal gestreift. Ich bin nur gestolpert."

Die Pferde bewegten sich auf das Gatter zu. Der Schäferhund lag noch immer im Gras, ohne sich zu rühren.

„Er muß verletzt sein", sagte Petra mit zitternder Stimme.

„Dann könnte er noch gefährlicher sein", warnte Mick. „Laß mich mal nachsehen, was mit ihm los ist."

„Wir gehen beide", sagte Petra.

Der Hund lag auf der Seite. Seine Kiefer waren fest aufeinandergepreßt, die Lefzen zurückgezogen, so daß man die scharfen Zähne sah. Seine Beine waren abgewinkelt, als wäre er noch mitten im Sprung.

„Er atmet", sagte Mick.

„Svala muß ihn getroffen haben, als sie im Sprung nach hinten ausgeschlagen hat."

Die Pfoten des Tieres zuckten leicht, doch der Hund schien nicht zu spüren, was um ihn her vorging.

„Ich glaube, es ist am besten, wir rufen die Besitzer an, damit sie ihn holen können", meinte Petra. „Sie müssen ihm helfen!"

Sie wußte, daß der Hund eine Gefahr für andere bedeutete, trotzdem tat er ihr leid. Was war wohl mit ihm geschehen, daß er so geworden war? Sie konnten ihn auf keinen Fall verletzt hier liegen lassen. Vielleicht hatte er ja auch Schmerzen...

Mick blieb stehen, um den Hund zu beobachten, während die anderen gemeinsam zum Granberghof zurückkehrten. Astrid hatte vor Schreck weiche Knie, als ihr klar wurde, was passiert war und in welcher Gefahr Sturmvogel geschwebt hatte.

„Svala hat sich ganz richtig verhalten“, fand Lena. „Vielleicht hat der Hund jetzt begriffen, daß man Pferde besser in Ruhe läßt.“

Plötzlich erinnerte sich Petra, daß sie die Telefonnummer der Hundebesitzer noch immer nicht wußten. Ihr Vater kam gerade aus dem Stall.

„So“, sagte er zufrieden. „Jetzt ist die Nachgeburt gekommen. Alles ist in Ordnung.“

„Stell dir vor, dieser Schäferhund hat versucht, Sturmvogel anzufallen!“ rief Petra hastig. „Svala hat nach ihm ausgeschlagen. Jetzt liegt er verletzt auf unserer Koppel.“

„Soll das heißen, daß er wieder frei herumgelaufen ist?“ rief Herr Granberg. „Haben diese Leute keinen Funken Verstand? Wir müssen sie sofort benachrichtigen, Petra. Der Hund braucht jetzt Hilfe!“

„Mach dir keine Sorgen, Astrid. Wir passen schon auf Svala und Sturmvogel auf“, versprach Petra.

Die drei Mädchen kletterten ins Auto, und Frau Olsson fuhr los. Petra und ihr Vater stiegen in den Kombi und fuhren im Rückwärtsgang den Traktorweg hinunter, bis sie so nahe wie möglich an die Pferdekoppel herankamen.

„Wir werden den Hund nach Hause bringen müssen“, sagte Herr Granberg.

Mick kam ihnen entgegen, als sie aus dem Auto stiegen.

„Hat er sich wieder erholt?“ fragte Petra. Sie wußte, daß es schwierig werden konnte, einen verletzten, bissigen Hund zu befördern, wenn er bei Bewußtsein war.

„Nein“, erwiderte Mick leise. „Er hat einfach zu atmen aufgehört. Er ist tot.“

„Ihr braucht nicht mitzukommen, das ist nicht nötig“, versicherte Petras Vater, nachdem sie den Schäferhund gemeinsam in den Kofferraum des Kombis gelegt hatten. Langsam fuhr er den schmalen, grasbewachsenen Weg hinauf, und der Wagen holperte über Rillen und Buckel, die der Traktor hinterlassen hatte. Mick und Petra standen noch eine Weile am Koppelzaun. Die Pferde schienen sich wieder beruhigt zu haben und grasten nun, als wäre nichts vorgefallen.

„Der Hund konnte nichts dafür, daß er so bissig war und frei herumlaufen durfte, aber ich glaube, es ist besser, daß er tot ist“, sagte Mick. „Er war eine Gefahr für alle.“

„Ja, weil die Besitzer so unvernünftig waren“, stimmte Petra zu. „Ich verstehe zwar nicht, wie man sich einen so aggressiven Hund halten mag. Aber für seine Besitzer war er sehr wichtig. Er war ihr geliebter King, ganz gleich, was er getan hat.“

„Haben sie sich nie erkundigt, wie es Anna ging, nachdem sie gebissen worden ist?“

„Nein, mit keinem Wort.“

Auf der Koppel hatte sich Sturmvogel inzwischen neugierig an Riegel herangemacht. Der große Wallach hob die Nase aus dem Gras und streckte den Kopf gegen das Fohlen vor, die Ohren freundlich gespitzt. Doch schon kam Svala eilig angetrabt und scheuchte ihr Fohlen fort.

„Hast du gesehen, wie sie auf ihr Kleines aufpaßt?“ fragte Mick. „Wenn sie so weitermacht, hat sie ganz schön zu tun, wenn noch mehr Pferde auf der Koppel sind."

Sie standen dicht nebeneinander und beobachteten die Pferde. Endlich gingen sie zum Hof zurück und sahen im Stall nach Fuchsa und ihrem Fohlen.

Schließlich kam Petras Vater nach Hause.

„Puh, sind das Nachbarn!" stöhnte er. „Sie sind ganz hysterisch geworden und hatten sogar die Unverschämtheit, von Schadenersatz zu reden! Aber Kings Tod ging ihnen nahe, das war deutlich zu spüren. Sie liebten den Hund. Sicher ist es so das beste. Jetzt sind unsere Tiere auf der Weide wieder sicher."

Besser als Preisrosetten

Petra schlug die Augen auf. Das Morgenlicht sickerte durch die dünnen Vorhänge und hüllte das Zimmer in weiche, warme Helligkeit. Petra verschränkte die Arme über dem Kopf, gähnte und streckte sich wie eine Katze. Heute, an ihrem Geburtstag, bekam sie das Frühstück ans Bett! Bis dahin konnte sie liegenbleiben. Es war wirklich schön, einmal nicht so früh aufstehen zu müssen.

Was für ein gemütliches Zimmer sie hatte, wurde ihr jetzt wieder einmal richtig klar, da sie Zeit hatte, sich umzusehen. Unter dem Fenster stand ihr weißer Schreibtisch mit dem hellen Stuhl davor. Die Tapete war cremefarben mit kleinen blauen Blumen. Rechts vom Fenster stand ein Bücherregal, links hing ein kleines Aquarell, das Petra unter einem blühenden Ebereschenbaum zeigte. Es war nun schon fast ein Jahr her, seit Mick das Bild gemalt hatte. Über dem Bett hing ein größeres Aquarellbild von Petra auf Riegel. Auch das hatte Mick ihr geschenkt.

Draußen schien die Sonne, da das Licht im Zimmer so golden war. Jetzt war die schönste Zeit im Jahr, fand Petra, wo alles wuchs, blühte und austrieb. Die Zeit von ihrem Geburtstag Ende Mai bis zum Mittsommer war die beste Zeit; und in diesem Jahr waren es besonders aufregende Wochen.

Am ersten Samstag im Juni sollten die Prüfung für das Reiterabzeichen und die Clubmeisterschaft der Dressur stattfinden. Und an diesem Tag fiel auch die Entscheidung über den Serienwettkampf. Es blieb nicht mehr viel Zeit fürs Training... Dann kamen bald die Sommerferien, und am Mittwoch nach Schulschluß wollten sie, Mick und Astrid dann nach England abreisen. Die Fahrkarten lagen schon in Petras Schreibtisch, zusammen mit dem Paß, den sie vor kurzem bekommen hatte.

Sie sah zur schrägen Zimmerdecke auf, und ihr Blick blieb an dem alten Riß in der Tapete direkt über ihrem Kopf hängen. Achtzehn Jahre! Jetzt war sie mündig, alt genug, um den Führerschein zu machen – den Traktorführerschein hatte sie schon – und zu alt für Ponyturniere. Irgendwie war das ein seltsamer Gedanke. Petra fühlte sich eigentlich nicht besonders erwachsen, und sie war froh, daß sie noch ein Jahr aufs Gymnasium gehen konnte.

Was wollte sie einmal werden? Sie hatte vor, auf die Landwirtschaftsschule zu gehen, nachdem sie eines Tages den Granberghof übernehmen sollte. Denn das wollte sie ja. Oder wollte sie's nicht?

Gerade jetzt hatte sie so viele Wünsche für die Zukunft. Sie liebte den Granberghof, aber sie war noch lange nicht bereit, die Verantwortung für alles hier zu übernehmen. Außerdem waren ihre Eltern auch noch zu jung, um sich von der Bewirtschaftung zurückzuziehen. Petra war auch nicht sicher, ob sie zu Hause bleiben und ganz in der Landwirtschaft mithelfen wollte, wenn sie mit der Schule fertig war. Es gab ja so vieles andere, das sie kennenlernen und ausprobieren wollte! Die Reitstunden mit Astrid und der Sommerjob beim Reitlager im letzten Jahr hatten ihr Interesse für das Unterrichten geweckt. Ob sie Pferdepflegerin oder Reitlehrerin werden konnte? Fast war sie's ja schon. Bei der Ausbildung hätte sie auch ihre eigenen reiterlichen Fähigkeiten weiterentwickeln können. Sie wollte noch vieles lernen, und sie hoffte, daß die Englandreise ein erster Schritt auf diesem Weg sein würde. In Riegel glaubte sie das richtige Pferd für Turniere zu haben, und sie wollte ihm die Chance geben, sein Talent zu zeigen. Das Bronzeabzeichen und die Clubmeisterschaft waren der Anfang. Doch wenn sie damit Erfolg hatte, wollte sie mit der Zeit auch an größeren Turnieren teilnehmen.

Sie überlegte. Nachdem sie ihr Taschengeld für den Herbst als Vorschuß für die Englandreise bekommen hatte, würde es lange dauern, bis sie Geld genug hatte, um überhaupt mit Riegel zu Turnieren fahren zu können.

Eine andere unsichere Sache waren Micks Pläne. Er liebte Pferde ebensosehr wie sie, trotzdem wollte er Malerei studieren. Petra fand, daß der Granberghof ein guter Platz für jemanden war, der malen wollte; doch sie hatte

Mick noch nie gefragt, was er dazu meinte. Sie hatten überhaupt noch nie offen über eine gemeinsame Zukunft gesprochen. Doch Petra ertappte sich oft dabei, daß sie Mick in ihre Zukunftspläne miteinbezog, und sie fühlte, daß er das gleiche tat. Sie gehörten zusammen.

Da hörte sie Schritte auf der Treppe. Ihre Eltern waren mit dem Frühstückstablett auf dem Weg zu ihrem Zimmer.

Mutter Granberg hatte eine Vase mit einem blühenden Zweig auf das Tablett gestellt. Der Duft der Blüten erfüllte das Zimmer. Zwei Päckchen hatten die Eltern auch mitgebracht. Petra öffnete das erste, noch bevor sie gefrühstückt hatte. Schnell packte sie eine neue, weiße Reithose aus und stieß einen Jubelschrei aus. „Vielen, vielen Dank! Genau die hab' ich mir schon so lange gewünscht!"

Sie strich mit den Fingerspitzen über den Stoff und stellte sich dabei vor, wie sie mit der neuen Hose auf das Dressurviereck ritt.

„Willst du das andere Päckchen nicht aufmachen?" fragte ihre Mutter.

„Doch, natürlich!"

Das zweite Päckchen war klein und flach, und Petra hatte es rasch ausgewickelt. Es war ein Sparbuch! Sie öffnete es. *Petra Kristina Granberg* stand auf der Innenseite des Umschlags, und dann folgte eine Reihe von Einzahlungen in recht beachtlicher Höhe. Petra sah auf die Endsumme. Es waren insgesamt dreitausendfünfhundert Kronen auf dem Sparbuch!

„Wir haben ab und zu etwas für dich eingezahlt", erklärte der Vater, „damit du ein bißchen eigenes Geld hast, wenn

8 9732-8

du mündig wirst. Wir dachten, du könntest es brauchen, damit du dir ein paar Wünsche erfüllen kannst, es ausgeben für Dinge, die du dir schon lange wünschst!“

Petra schob das Tablett beiseite, sprang aus dem Bett und fiel ihren Eltern um den Hals. Jetzt würde sie nach der Englandreise nicht ganz ohne Geld dastehen! Sie würde im Herbst nicht sparen und knausern müssen und jede Krone umdrehen. Und sie konnte ihre neue, weiße Reithose tragen, wenn sie bei der Clubmeisterschaft auf Riegel ritt...

Im Reihenhaus der Olssons war es still und dunkel. Astrid lag wach im Bett und lauschte auf Lenas gleichmäßige Atemzüge vom anderen Ende des Zimmers. Lena schlief fest, aber sie selbst konnte nicht einschlafen. Morgen würde sie mit Saga am Turnier teilnehmen!

Sie versuchte sich einzureden, daß alles gutgehen würde. Doch sie hatte Angst – Angst, sich dumm anzustellen, Angst, abgeworfen zu werden und sich zu verletzen. Sie wünschte, schon einen Tag älter zu sein, damit alles vorüber wäre. Doch Mick hatte recht – wenn sie dazu nicht den Mut fand, wie sollte sie dann den Mut finden, in England auf fremden Pferden zu reiten? Und Saga war in den letzten Trainingsstunden so nachgiebig und sanft gewesen. Sie war wirklich ein wunderbares Pferd!

Endlich schlief Astrid ein. Sie träumte, wieder in der Blindenschule Tomteboda zu sein. Der ganze Reitclub war auch dort, um in Tomteboda die Dressurprüfung abzuhalten. Astrid saß auf Saga und wartete darauf, daß sie starten sollte. Doch wo war Mick, der ihr beim Abreiten helfen wollte? Er war verschwunden – und bald würde sie allein in die Bahn reiten müssen! Plötzlich rief Petra ihr zu: „Hier draußen darfst du nicht reiten! Wir benutzen die Schwimmhalle als Reitbahn. Der Schiedsrichter wartet schon auf dich. Du wirst disqualifiziert, wenn du dich nicht beeilst!"

Dann war Astrid im Flur vor der Schwimmhalle, und plötzlich saß sie auf Svala. Sie tastete sich mit der Hand an den Steinfiguren entlang, die die Wand schmückten, und kam zur Tür. Doch sie konnte sie nicht öffnen – es gab keinen Griff. Drinnen hörte sie das Gemurmel der Zuschauer, aber draußen auf dem Flur war sie allein.

Sie mußte Petra suchen und sie bitten, die Tür für sie zu öffnen! Sie ließ Svala wenden, ritt in den Park hinaus und rief nach Petra. Plötzlich war sie von lauter kleinen Mädchen umringt, die sie baten, Svala streicheln zu dürfen. Gerade jetzt, wo sie es eilig hatte und zu spät zum Turnier kommen konnte! Sie ritt wieder in den Korridor zurück, der zur Schwimmhalle führte, und da stand Petra in der offenen Tür und rief nach ihr.

Danach war sie in der Reithalle – oder nein, in der Schwimmhalle! Es roch nach Chlor, und plötzlich wußte sie, daß man das Becken gefüllt hatte, während sie draußen gewesen war. Man hatte die Sägespäne weggebracht, auf denen die anderen geritten waren, und jetzt mußte sie das Dressurprogramm schwimmen, statt zu reiten...

Mit einem Ruck war Astrid hellwach. Sie streckte die Hand nach ihrer Armbanduhr aus, öffnete sie und befühlte die Zeiger und Punkte. Halb sechs. Es war noch nicht Zeit zum Aufstehen... Das war ein schlechter Traum gewesen!

Es war ein wolkenverhangener Samstagmorgen, Anfang Juni. Das Gras stand schon hoch an den Wegrändern, und der Löwenzahn leuchtete gelb wie kleine Sonnen. Hilkka radelte eifrig mit ihrem roten Fahrrad neben Sirkkas größerem und neuerem blauen Rad her. Heute hatte die ältere Schwester nichts dagegen einzuwenden gehabt, daß sie mitkam.

„Fleur wird die Clubmeisterschaft bestimmt gewinnen“, sagte Sirkka.

Es war, als würde sie selbst größer und wichtiger dadurch, daß sie eines der erfolgreichsten Pferde des Reitclubs betreute. Hilkka konnte da nicht mitreden, denn „ihr“ Pferd würde heute nicht antreten.

„Hast du Fleur schon mal reiten dürfen?“ fragte sie ihre Schwester.

Hier fühlte sie sich auf sicherem Boden, auch wenn sie selbst nicht mehr auf Svala geritten war, seit die Ponystute und ihr Fohlen auf den Granberghof gebracht worden waren. Petra, Mick, Astrid und sogar Lena waren so mit dem bevorstehenden Wettkampf beschäftigt gewesen, daß ganz einfach keine Zeit dafür gewesen war, Hilkka reiten zu lassen. Aber in den Sommerferien würde das anders werden, das stand für Hilkka fest.

„Nein, es würde sie nur durcheinanderbringen, wenn sie vor einem Turnier von jemand anders geritten würde“, erwiderte Sirkka fachmännisch. „Aber danach darf ich reiten!“

Sie bogen von der glatten Asphaltstraße ab und holperten die unebene Abfahrt zum Reitstall hinunter. Hilkka stieg beim Reitstall ab, während Sirkka zum kleinen Stall der Familie Verelius weiterfuhr. Sie sollte Fleur vor dem Wettkampf striegeln. Hilkka hatte heute keine Stallpflichten und hätte eigentlich gar nicht so früh zu kommen brauchen. Aber es war nicht ratsam, darauf zu warten, daß ihre Mutter aufwachte und sich alles mögliche einfallen ließ, was Hilkka tun mußte, anstatt zum Stall zu fahren.

Petra ritt im Trab auf die Mittellinie. Sie machte sorgfältig halt und grüßte den Schiedsrichter. Heute war sie die letzte, die an den Start ging. Agneta und Charlotte hatten bereits gute Dressurvorführungen gezeigt.

Die erste Volte wurde rund und perfekt, doch bei der Wendung auf der Vorderhand war Riegel etwas zu hastig. Er beherrschte das Programm inzwischen schon fast zu gut und wußte genau, was jeweils als nächstes an der Reihe war. Danach verlief die Dressurvorführung ohne größere Fehler. Doch hinterher war Petra nicht sicher, ob die Sache gut oder nur mittelmäßig gelaufen war.

Die Prüfung für das Bronzeabzeichen hatte sie jedenfalls bestanden, da war sie sicher. Eigentlich war das schön, dachte sie, während sie Riegel in den Stall brachte und ihn versorgte.

Endlich waren die Punkte zusammengezählt. Karin las die Ergebnisse vor.

„Charlotte Verelius auf Karamel 185 Punkte; Agneta Verelius auf Fleur 180 Punkte; Petra Granberg auf Riegel 179 Punkte..."

So nahe war sie dem zweiten Platz gewesen! Karin las noch alle Punktebewertungen der einzelnen Teilnehmer vor, ehe sie fortfuhr: „Clubmeisterin des Jahres in der

Dressur wurde also Charlotte Verelius auf Karamel. Sie gewann auch die Seriendressur mit Agneta auf dem zweiten Platz und Petra auf dem dritten. Diese drei Teilnehmerinnen werden gebeten, sich jetzt für die Preisverleihung bereit zu machen!"

Karin nahm die Preisverteilung vor. Sie befestigte die blau-gelbe Rosette an Karamels Trense. Charlotte bekam einen Pokal, der als Wanderpreis von Olle und Margareta Verelius gestiftet worden war. Für Fleur gab es eine blaue Rosette und für Agneta eine Plakette. Dann kam Petra an die Reihe.

Es war plötzlich nicht mehr wichtig, daß sie noch vor kurzem auf den Sieg gehofft hatte. Jetzt freute sie sich einfach darüber, daß sie endlich das Bronzeabzeichen geschafft hatte, und war glücklich über die gelbe Preisrosette, die Riegels erste war. Sie selbst bekam eine Zinnplakette mit dem Relief eines Reiters auf einem Pferd.

„Gut gemacht, Petra!" sagte Karin und drückte ihr die Hand.

Dann trat sie ein paar Schritte zurück und bat um Beifall für die Preisträger. Die galoppierten eine Ehrenrunde um die Bahn, und Petra mußte Riegel fest am Zügel nehmen, damit er Fleur nicht zu nahe kam.

Nach dem Mittagessen war es Zeit für die leichte C-Klasse. Petra und Mick halfen Astrid beim Abreiten, und als Astrid an die Reihe kam, bezog Petra Posten innerhalb der Bahn, damit sie Astrid die Buchstaben zurufen konnte.

Das Startsignal erklang... Jetzt ging es ums Ganze! Astrid konzentrierte sich mit aller Kraft. Sie wollte elegant und möglichst fehlerlos reiten und sich und Saga nicht nervös machen. Der Halt schien recht gut gelungen zu sein, ebenso das Reiten im Arbeitstrab.

Astrid ritt das Trabprogramm mit soviel Konzentration, daß sie keinen Gedanken an den Galopp verschwendete, ehe sie wieder zum Schritt wechselte.

„L!" hörte sie Petras Stimme.

Auf einen weichen Schenkeldruck Astrids fiel Saga in Trab. Astrid verspürte ein unangenehmes Kribbeln in der Magengrube. Jetzt würde es sich zeigen, ob das Training etwas bewirkt hatte oder ob sie wieder etwas falsch gemacht hatte. Sie mußte sich diesmal wirklich zusammennehmen.

„R!"

Astrid gab ohne Zögern Galopphilfen, und Saga faßte geschmeidig Galopp. Zwei runde, schöne Bogen auf der mittleren Volte – das war nicht leicht für jemanden, der nichts sah. Aber Astrid ritt, so gut sie konnte. Petra rief ihr unermüdlich die Buchstaben zu, an denen sie vorüberkam. Astrid hatte den Eindruck, als würde Saga das Tempo erhöhen, aber sie konnte es nicht ändern.

Rascher als Astrid berechnet hatte, waren sie vorn bei der Ecke, und Saga vollführte ein paar holprige, heftig bremsende Galoppsprünge, ehe sie langsamer wurde.

Du liebe Güte! dachte Astrid und versuchte Saga dazu zu bringen, ruhig und weich zu traben. Sie fand, daß es noch immer ein bißchen schnell ging, zwang sich jedoch, die Stute beim nächsten Galoppfassen nicht wieder zu sehr zurückzuhalten. Die ganze Zeit über saß ihr die Furcht im Nacken, sie könnte die Kontrolle verlieren. Doch das große Pferd galoppierte in die Richtung, in die sie es lenkte.

Auf der zweiten Diagonale begann Saga etwas zu früh zu verlangsamen. Als sie endlich zum abschließenden Halt kamen, atmete Astrid tief und erleichtert auf. Sie hatte es geschafft! Sie hatte die große, nervöse Saga in einem Dressurwettkampf geritten, ohne sich zu blamieren!

Jetzt kam aber noch das Hindernis. Wenn nur nichts mehr schiefging! Sie hörte Mick und Petra von jeder Seite des Hindernisses aus rufen und ließ Saga im Trab dazwischen reiten. Ein kurzes Stück vor dem Hindernis fiel die Stute von selbst in Galopp. Astrid gab ihr treibende Hilfen, wie Mick es ihr geraten hatte, obwohl sie fürchtete, daß es zu schnell ging. Saga flog in einem großen Sprung durch die Luft, doch Astrid hielt sich im Sattel. Nach dem Aufsprung zügelte sie Saga schnell, so daß die Stute ungeduldig den Kopf zurückwarf.

Jetzt geht sie mit mir durch! dachte Astrid einen schrecklichen Augenblick lang. Dann aber gehorchte Saga ihrer Zügelführung. Sie wurde langsamer, und Astrid konnte zum Trab und dann zum Schritt wechseln.

Als die Spannung sich löste, zitterte Astrid. Sie fühlte eine Welle der Dankbarkeit für die große Stute, die ihr geholfen hatte, dieses Turnier durchzustehen und ihre eigene Angst zu überwinden. Dieser Sieg über ihre Angst bedeutete ihr mehr als alle Preisrosetten.

Hilkka, die auf einer der Zuschauerbänke saß, wußte nichts von Astrids Kampf gegen ihre Ängste. Sie träumte von dem Tag, an dem sie selbst so über Hindernisse hinwegsetzen würde. Sie sah Mick und Petra auf Astrid zugehen, die nun beim Stall haltmachte. Doch da Lena jetzt an der Reihe war, blieb Hilkka sitzen und schaute weiter zu.

„Magst du was?“ fragte plötzlich eine Stimme neben ihr.

Es war Sirkka. Sie hatte am Morgen ein paar Butterbrote gemacht und mitgenommen. Jetzt hielt sie ihrer Schwester das Brotpäckchen hin. Hilkka nahm ein Käsebrot. Daß Sirkka sich neben sie setzte und ihr außerdem noch etwas anbot, hatte sie nicht erwartet. Sirkka hielt sie also offenbar nicht mehr für ein lästiges Anhängsel. Und das war sie ja auch nicht mehr. Sirkka versorgte Fleur, und sie selbst hatte Svala und Sturmvogel zu betreuen. Sie kam jetzt allein zurecht und brauchte sich nicht mehr an ihre ältere Schwester zu hängen.

Die Preisträger in der leichten C-Seriendressur galoppierten eine Ehrenrunde mit Monika an der Spitze, die ein bißchen verlegen lächelte, und der glückstrahlenden Lena auf dem vierten Platz. Die Teilnehmerzahl war hier größer als in der leichten B-Klasse; deshalb wurden auch mehr Preise verteilt.

Astrid stand zusammen mit Mick und Petra unter den Zuschauern und klatschte Beifall. Sie freute sich über Lenas Erfolg. Sie selbst hatte beim heutigen Wettkampf eine bessere Punktezahl erreicht, als sie erwartet hatte. Für diesmal waren die Wettkämpfe vorbei – und bis zum nächsten Turnier würde einige Zeit verstreichen. Aber das war gut so.

„Na, bereust du's, daß du heute mit Saga angetreten bist?“ fragte Mick. Er hatte den Arm um Petra gelegt.

„Nein. Ich bin froh, daß du mich dazu überredet hast“,

erwiderte Astrid aufrichtig. „Saga war großartig!“

Sie war vor diesem Wettkampf unsicher und ängstlich gewesen. Jetzt freute sie sich darauf, in Zukunft auch an anderen Clubturnieren teilzunehmen. Sie war Saga und Mick unendlich dankbar.

Die Preisträger hatten die Bahn verlassen. Petra, Astrid und Mick gingen gemeinsam zum Stall. Dort hatte sich Lena gerade vom Pferd geschwungen und schlang die Arme um Jeppes gescheckten Hals. In diesem Augenblick kam die Sonne zwischen den Wolken hervor. Plötzlich wirkte das Gras noch grüner, und das Fell der Pferde glänzte stärker als zuvor.

„Bald fangen die Sommerferien an“, sagte Astrid, als sie die Sonne warm auf ihrem Gesicht spürte.

„Und dann geht's auf nach England!“ erklärte Mick fröhlich.

„Du, ich freue mich schon so! Es wird bestimmt ein wunderbarer Sommer!“ sagte Petra glücklich. „England, here we come!“

Hagström, Tulla:
Petra / Tulla Hagström. Aus d. Schwed. von
Ursula Dotzler. – München : F. Schneider
Teilw. mit d. Erscheinungsorten München,
Wien

Bd. 6. Petra und der Fohlenfrühling. – 1988.
Orig.-Ausg. u. d. T.: Hagström, Tulla:
Pass på, Petra
ISBN 3-505-09732-2

Schneider Buch

Übersetzung aus dem Schwedischen: Ursula Dotzler, München
Originaltitel: PASS PÅ, PETRA

Published by B. Wahlströms Bokförlag AB,
11251 Stockholm, Sweden
Titelbild und Illustration: Ulrike Heyne, Herford
Umschlaggestaltung: Claudia Böhmer, München
Lektorat: Helga Wegener-Olbricht
Herstellung: Brigitte Matschl
Satz/Druck: Presse-Druck, Augsburg
ISBN: 3 505 09732-2
Bestell-Nr.: 9732
Die Serie wird fortgesetzt.

Spannende Schneider Bücher von Tulla Hagström:

HABE ICH		WÜNSCHE ICH MIR
	Petra – Mein Pferd gibt es nur einmal (Band 1) Petra muß sich entscheiden	
	Ein Traumpferd für Petra (Band 2) Darf Petra ihren geliebten Hengst Saphir behalten?	
	Petra – Überraschung auf dem Reiterhof (Band 3) Endlich ist Petra am Ziel	
	Rette die Reitschule, Petra! (Band 4) Der Reiterhof ist in Gefahr	
	Petra – Die besten Reiterfreunde (Band 5) Alle halten zusammen	
X	**Petra und der Fohlenfrühling** (Band 6) Der junge Hengst Sturmvogel	
	Die Serie wird fortgesetzt.	

Gib diesen Wunschzettel Deinen Eltern oder Großeltern oder allen, die Dir gerne eine Freude machen wollen.

Die schönsten Pferdebücher

Eine Auswahl

HABE ICH		WÜNSCHE ICH MIR
	Caspari, Tina **Das rote Fohlen**	
	Dickens, Monica **Meine Pferde - meine Freude**	
	Dickenson, Christine **Ein Pferd für den Frühling**	
X	**Forster,** Logan **Sturmwolke**	
	Grotkop, Edith **Kleine Pferde zum Liebhaben**	
	Makin, Irene **Die Rettung der Ponys**	
	Makin, Irene **Das Tal der Ponys**	
X	**Pabel,** Andrea **Außerdem ist Frühling**	
	Pabel, Andrea **Freica heißt mein freches Pony**	
	Pfleiderer, Milli **Komm mit zum Voltigieren!**	
	Pullein-Thompsen, Christine **Die Stunde der Pferde**	
	Pullein-Thompsen, Diana **Ein Pony namens Cassidy**	
	Rösener, Inge **Alle lieben Lord**	
	Rösener, Inge **Die Pony-Familie**	
	Rösener, Inge **Mit Babsi kann man Pferde stehlen**	
	Rösener, Inge **„Söckchen“ rettet den schwarzen Hengst**	

Gib diesen Wunschzettel Deinen Eltern oder Großeltern oder allen, die Dir gerne eine Freude machen wollen.

TINA CASPARI

Das rote Fohlen

Für das Mädchen Franziska auf dem großen Gutshof ist dies die schönste Stunde des Tages, denn jetzt werden die Pferde von der Koppel zurückkommen. Und da steigt eine Staubwolke auf dem Weg beim Remontenstall auf. Sie kommen! Über hundert Jungpferde traben dichtgedrängt heran – kohlschwarz glänzende Rappen, hell leuchtende Schimmel, goldfarbene Braune und Füchse, deren Fell in der Abendsonne rot schimmert. Peitschenknallen, Hufgetrappel und helles Wiehern erfüllen die Luft; der Hof ist voller durcheinanderquirlender, schöner, junger Pferde.

Das Besondere dieses Buches

Die versunkene Welt eines großen ostpreußischen Gestüts um die Jahrhundertwende läßt die beliebte Autorin Tina Caspari wieder lebendig werden.